Como Formar, Treinar e Dirigir Equipes de Vendas

Como Formar, Treinar e Dirigir Equipes de Vendas

César Frazão

Direção Geral:	Julio E. Emöd
Supervisão Editorial:	Maria Pia Castiglia
Edição de Texto:	Tânia Fernandes
Revisão de Provas:	Helaine Naira A. Barboza
	Carla Castiglia Gonzaga
Programação Visual:	Mônica Roberta Suguiyama
Editoração Eletrônica:	Bruna Winner Sena
Capa:	Grasiele Favatto Cortez
Impressão e Acabamento:	Cromosete Gráfica e Editora Ltda.

Dados Internacionais de Catalogação na Publicação (CIP)
(Câmara Brasileira do Livro, SP, Brasil)

Frazão, César.
 Como formar, treinar e dirigir equipes de
vendas / César Frazão. -- São Paulo : HARBRA,
2008.

 ISBN 978-85-294-0329-0

 1. Administração de vendas 2. Vendas e
vendedores 3. Vendedores – Treinamento
I. Título.

07-7754   CDD-658.8102

Índices para catálogo sistemático:

1. Vendas : Profissionais : Formação :
 Administração de vendas 658.8102

COMO FORMAR, TREINAR E DIRIGIR EQUIPES DE VENDAS
Copyright © 2008 por **editora HARBRA ltda.**
Rua Joaquim Távora, 779 – Vila Mariana – 04015-001 – São Paulo – SP
Promoção: (0.xx.11) 5084-2482 e 5571-1122. Fax: (0.xx.11) 5575-6876
Vendas: (0.xx.11) 5549-2244, 5084-2403 e 5571-0276. Fax: (0.xx.11) 5571-9777

Todos os direitos reservados. Nenhuma parte desta edição pode ser utilizada
ou reproduzida – em qualquer meio ou forma, seja mecânico ou eletrônico,
fotocópia, gravação etc. – nem apropriada ou estocada em sistema de banco de dados,
sem a expressa autorização da editora.

ISBN 978-85-294-0329-0

Impresso no Brasil   *Printed in Brazil*

Sumário

Introdução I

Parte I – COMO TREINAR **2**
  1. A importância do treinamento 4
  2. O treinamento é responsabilidade de quem? 6
  3. Você precisa ajudá-los 8
  4. Como deve ser o treinamento 9
  5. O que passar para o seu vendedor 12
  6. Oito planos eficazes para treinar sua equipe 15
  7. Verificar e organizar o material do vendedor 20
  8. Dez soluções práticas para aumentar as vendas
    imediatamente 22
  9. *Check-point* 38

Parte 2. COMO DIRIGIR **40**
  10. A zona de conforto 42
  11. A pressão em vendas 46
  12. Como deve ser uma verdadeira preleção de
    vendas pela manhã? 48
  13. Como deve ser uma reunião de vendas
    no final do dia? 51
  14. Como fazer nossa equipe atingir objetivos e metas 53
  15. O *case* Magazine Luiza. 55
  16. Como motivar vendedores sem usar dinheiro 56
  17. O *case* Avon 62

18. Novas ideias para reconhecimento e premiação de vendedores 63

19. Como fazer uma campanha de vendas com os cinco fatores 65

20. Aprendendo sobre liderança com Jack Welch e Lee Iacocca 69

21. Avaliação de vendedores 70

22. Meu modelo de avaliação 72

23. Sem tempo para avaliar 75

24. Como corrigir um vendedor 76

25. Demissão de vendedores 77

26. O grande ladrão de vendas de sua empresa: o desperdício de tempo 78

27. A solução é a disciplina 81

28. O erro que a maioria dos gerentes e empresários comete 83

29. Liderança pelo exemplo 84

30. A liderança pelo exemplo negativo 87

31. A liderança pelo exemplo positivo 88

32. Dez coisas que devemos fazer para gerenciar pessoas com sucesso 89

33. *Check-point* 91

Parte 3. COMO FORMAR **92**

34. Os seis erros mais comuns dos vendedores 94

35. Como avaliar se o candidato é bom 96

36. Qual o perfil do vendedor ideal? 97

37. Como remunerar vendedores 99

38. Onze sugestões para encontrar bons vendedores 103

39. Como selecionar currículos 105

40. Entrevistas coletivas 107

41. Testes psicológicos ajudam a ganhar tempo, mas... 109

42. Como entrevistar vendedores 111

43. Que perguntas fazer a um candidato? 112

44. Nunca contrate antes de... 114

45. O *case* Disney 115

46. Como atrair e manter os melhores vendedores 117

47. Uma análise de sua gestão 120

Mensagem final 121

Introdução

Quando se trata de equipe de vendas, nem sempre o que se fazia no passado dá resultado hoje – e nem sempre o que se faz hoje (e dá resultado) é garantia de sucesso no futuro. As coisas estão mudando e nós precisamos nos adaptar rapidamente às mudanças. Não é a empresa maior que sobreviverá, mas sim a que se adaptar mais rapidamente às mudanças.

Como não há mais cliente desinformado ou alienado, precisamos ter equipes altamente qualificadas e eficazes, pois é uma questão de sobrevivência, não apenas de lucro. Mas é preciso saber o que fazer para acompanhar a rapidez do mercado.

Este livro se divide basicamente em três partes. Primeiramente, abordaremos como treinar; depois, como dirigir e, por fim, discutiremos a formação de equipe, pois, antes de formá-la, precisamos tentar reciclar aquela que temos à mão, ver se há como lapidar nossos talentos antes de buscar novos no mercado.

PARTE 1

Como Treinar

"Empresas que investiram em treinamento de vendas tiveram seus lucros aumentados em 57% após quatro anos."

Sociedade Norte-Americana de Treinamento e Desenvolvimento

Atualmente, com a concorrência aumentando a cada dia, manter uma equipe de vendas forte e preparada é prioridade absoluta nas empresas. Em tempos em que os produtos estão cada vez mais parecidos, o diferencial é centrado na prestação de serviços. E como é possível tornar realidade esta diferenciação? A resposta é: *"Por meio de um constante treinamento"*.

O treinamento deixou de ser uma opção de luxo de empresas ricas e passou a ser uma necessidade vital para empresas de todos os portes. Com certeza absoluta, afirmo que a empresa que não treinar seus vendedores está fadada ao fracasso. Esta previsão não se trata de uma hipótese, mas sim de uma situação que acontece todos os dias, por duas razões óbvias. Primeiro, o mercado está cada vez mais exigente com relação ao atendimento – hoje, se o atendimento for ruim, o cliente simplesmente desiste da compra e vai para o concorrente. E sem clientes não existem vendas, e sem vendas não existe caixa, e sem caixa não existe empresa. Em segundo lugar, a empresa vive de lucro e não de vendas – e a maioria dos vendedores não está preparada para enfrentar este problema. Sem saber argumentar, os vendedores oferecem descontos para não perder a venda. Com isso resolvem o problema imediato, mas criam outros problemas que comprometem o futuro da empresa.

Como vender um produto parecido com o do concorrente por um preço maior e sem dar descontos? Mais uma vez, a resposta está em um forte treinamento. De uma maneira direta e objetiva, vamos lhe mostrar neste livro como conduzir e qual o conteúdo de um treinamento que, de fato, funcione para os vendedores.

Vamos ao treinamento!

Capítulo 1

A Importância do Treinamento

O modelo aqui apresentado é altamente eficaz e muito simples. Empresas de todos os portes podem aplicá-lo e está baseado nos três grandes segredos da liderança: *treinar, avaliar e motivar*. Sem mistério nem mágica, aplicando esta receita no dia a dia, adaptando-a corretamente à sua empresa e ao mercado, com certeza nós teremos sucesso de vendas.

Hoje em dia, é necessário ter uma equipe comercial boa, forte, treinada e preparada. Do contrário, essa equipe não vende, porque a concorrência é forte e está se capacitando. Com relação à concorrência, o preço é um fator importante? Sem dúvida alguma que sim, mas *credibilidade* é muito mais importante e credibilidade se conquista por meio de treinamento constante. Muitas vendas são perdidas todos os dias sobre o falso pretexto de que é caro, mas na verdade o que faltou foi credibilidade – simplesmente, o cliente não acreditou no vendedor.

Uma pesquisa realizada pela Sociedade Norte-Americana de Treinamento e Desenvolvimento mostrou que empresas que investiram em treinamento – montando um programa estruturado, sério e de qualidade – tiveram, durante quatro anos, um aumento de 57% em sua receita. É isso mesmo. Empresas que investiram em treinamento, com seriedade, tiveram um considerável aumento nas vendas.

Recentemente, em uma palestra, encontrei uma colega, vendedora de uma das maiores editoras do país, antiga líder de mercado em quase todas as suas revistas. Perguntei: *"Como está o treinamento de vocês? Quando foi a última palestra que assistiram e como a empresa tem atuado nessa área?"*.

Ela respondeu: *"Não, não, professor, treinamento aqui não tem mais. Há três anos e meio que não temos um treinamento. Três anos e meio que não temos uma palestra. Não temos um livro, um vídeo, nada sobre treinamento. Entrou um diretor novo. Ele é muito focado em vendas e acha ´frescura´ esse negócio de treinamento..."*.

Hoje, essa editora ocupa a segunda posição, quase caiu para terceiro lugar. Algumas de suas publicações já chegaram ao quarto lugar... Será que o mercado ficou difícil só para essa empresa? Ou será que despencou para terceiro ou quarto lugar porque fizeram "macumba" contra ela? Está claro que o fator treinamento tem uma relação direta com o faturamento das empresas.

Conheça dez maneiras para quebrar sua empresa ou perder seu emprego:

1. Não treine, assuma que toda a sua equipe sabe vender.
2. Não treine, convença-se de que você é tão conhecido no mercado que, automaticamente, todos os clientes vão ao seu encontro.
3. Não treine, esqueça-se de que existem clientes em potencial, pois os seus clientes são fiéis.
4. Não treine, diga a você mesmo que não tem tempo para treinar seus vendedores. É muito fácil reclamar: *"Meu tempo é muito corrido"*.
5. Não treine, porque o vendedor pode querer ir para o concorrente.
6. Não treine, pois o treinamento tem um custo muito alto no momento e você não sabe se terá o resultado desejado. Como é que eu vou medir o retorno de um treinamento?
7. Não treine, você está cortando despesas e treinamento é uma delas. Não posso cortar telefone, mas treinamento eu posso.
8. Não treine, vendedor é tudo igual, não tem jeito mesmo. Ele é "uma mala sem alça".
9. Não treine, o que vende é preço baixo e desconto.
10. Não treine, deixe assim mesmo para ver como é que fica.

Capítulo 2

O Treinamento é Responsabilidade de quem?

Quanto ao treinamento, deixemos uma coisa bem clara: de quem é a responsabilidade? Não é só da empresa, mas é do próprio funcionário. Ele deve se autotreinar, autoavaliar, estar motivado, investir por conta própria em livros, revistas, cursos e palestras para sua formação profissional. É lógico que toda empresa tem de investir em treinamento e que a empresa inteligente encaminhará o empregado para o treinamento.

Veja um dado alarmante: a maioria das vendas perdidas no mercado tem como causa o fator *credibilidade*. Segundo uma pesquisa da ACNielsen, os vendedores não passam credibilidade aos clientes e, por isso, os consumidores não compram: sem credibilidade não há venda, sem vendas não há receitas e sem receitas não há empresa. E como você transmite credibilidade? Por meio de treinamento, habilidade e rotina.

Pense neste exemplo: um cachorrinho esganiçado, sem força para latir, não chama a atenção quando ladra. Já um cachorro de latido forte atrai a atenção. Da mesma forma, um vendedor falando com voz fina e fraca não traz credibilidade. O outro, que fala forte e com convicção, tira o pedido. E isso se consegue com treinamento.

A responsabilidade do treinamento em uma empresa é do *gerente de vendas*, e não do RH. É ele quem deve tomar a liderança e treinar sua equipe. E quem vai pagar deve entrar nesse processo como coadjuvante, fornecendo tecnologia, in-

Capítulo 2 | O Treinamento é Responsabilidade de quem?

fraestrutura e equipamento. O treinamento de vendas é função do gerente de vendas, do líder de vendas e não do RH ou do proprietário da empresa. Assim como a responsabilidade pelo treinamento do time de futebol é do técnico e não da diretoria esportiva. É obvio que, se o RH e os proprietários tiverem uma visão estratégica do negócio, ajudarão nesse treinamento, fornecendo estrutura e recursos para sua viabilização. Mas a iniciativa deve partir do responsável pelas vendas.

Capítulo 3

Você Precisa Ajudá-los

Você precisa ajudar seus vendedores e treiná-los sobre questões práticas do dia a dia. Não adianta ensiná-los a respeito, por exemplo, da Teoria da Relatividade, programação de neurolinguística aplicada com sucesso etc. Pode até ajudar, mas é preciso treinar o básico primeiro. É preciso treinar abordagem, objeção, recomendação, negociação, fechamento. Depois que esse vendedor estiver apto, aí sim, podemos fazer treinamentos mais complexos.

Existe um detalhe importante a que muitos gerentes de vendas, de grandes e pequenas empresas, devem estar atentos: o problema maior não está no treinamento dos novos funcionários, mas sim nos veteranos. De nada adianta só treinar os vendedores novos. É preciso reciclar os veteranos. O recém-chegado à empresa aplica tudo o que é ensinado. O veterano é o problema, porque a zona de conforto já está instalada.

Capítulo 4

Como Deve Ser
o Treinamento

O maior erro detectado em programas de treinamento é sofisticar demais os conteúdos e as estruturas e esquecer do profissional que irá conduzi-lo.

Você poderá ter dois cursos de vendas com o mesmo conteúdo, o mesmo material e a mesma apostila, mas, certamente, os cursos serão distintos se ministrados por instrutores diferentes. É lógico que um conteúdo de qualidade influencia o curso, mas o grande diferencial (aquilo que faz um curso ser bom ou não) é o instrutor.

O profissional que conduz um treinamento de vendas deve ser um artista, capaz de incorporar um papel, fazendo do curso um *show* de entretenimento. Quem conduz o treinamento de vendas – quer seja o supervisor, o gerente, o diretor, um profissional da área de psicologia, ou um instrutor especializado – deve ser uma pessoa motivada e criativa para ser capaz de entreter e "vender" o treinamento aos participantes.

Um treinamento eficiente deve levar em conta os itens a seguir.

Praticidade

Deve ser prático, objetivo e de qualidade. Assim começa um bom treinamento...

Credibilidade

O treinamento deve ser vendido para os vendedores. O que quer dizer "vendido"? Quer dizer que você não deve impor o treinamento aos vendedores. Tudo o que é obrigatório não é aceito. Em algumas empresas os vendedores são convocados para a palestra de forma impositiva, com frases do tipo: *"É bom que você venha, senão..."*.

Esses vendedores irão à palestra com que espírito?

Um bom treinamento começa com a venda da ideia: *"Vá ao treinamento, porque você vai vender mais e ganhar mais dinheiro"*.

Foco

O treinamento ideal deve ser focado em soluções e não em problemas, mesmo porque o problema a gente conhece. Discutir isso para quê?

Precisamos focar em soluções e resultados. Em reuniões, é comum o gerente colocar em pauta um determinado problema e as discussões girarem em torno dele e não das possíveis soluções. Por exemplo, o gerente coloca em debate a seguinte questão: "O concorrente está cobrando mais barato. O que podemos fazer?". Naturalmente eles começam a discutir as prováveis soluções. Não demora muito um deles diz: *"Sabe o que acontece? O preço do concorrente está mais baixo, por isso perdi uma venda a semana passada e já estou cansado de ouvir isso dos clientes..."*.

Não adianta ficar falando sobre isso. Você precisa achar uma solução. E sempre que focamos na solução, ela aparece, de uma forma ou de outra.

Clima

É fundamental que o treinamento seja divertido e agradável, afinal, ninguém gosta de coisa chata...

Periodicidade

O treinamento deve ser o mais intenso e constante possível; diário; no máximo, semanal. Eu tinha um programa de treinamento chamado *Bom dia, vendedor!* Treinava vendedores todos os dias, das 8h às 8h15. Aí está um treinamento de vendas que deu certo.

Capítulo 4 | Como Deve Ser o Treinamento

Não adianta muito pegar sua equipe de vendas e fazer uma grande convenção de vendas uma vez por ano. A convenção anual é uma ideia boa, motiva, une, interage, promove sinergia e dá norte para a empresa. Mas, sozinha, a convenção não faz nada.

Treinamento de vendas precisa ser constante e diário. Tente unir sua equipe para um treinamento de quinze minutos, não importa se no final do dia de trabalho ou no início da jornada – o fundamental é treinar os vendedores com frequência, pois é a única forma de garantir que a equipe atinja alta *performance* e se destaque da concorrência.

Não menospreze esses quinze minutos de treinamento – se o *Jornal Nacional* consegue dar notícias internacionais e do Brasil inteiro em trinta minutos, imagine o conteúdo que você conseguirá passar à sua equipe em quinze minutos de treinamento! Basta ter foco, objetivo, treinar um ponto específico.

Capítulo 5

O que Passar para o seu Vendedor

O que falar em um treinamento de vendas? Como seria um bom treinamento de vendas?

Essas dúvidas ocorrem com frequência, em especial com os profissionais que estão no início da carreira e não têm muita experiência.

Para simplificar o treinamento e torná-lo bem didático, a maneira mais eficaz é dividi-lo em cinco etapas. A empresa que aliar a motivação da equipe ao domínio dessas cinco etapas estará pronta para atingir altos níveis de vendas e ganhar muito dinheiro.

Produto e serviços

O vendedor tem a obrigação de conhecer tudo (absolutamente tudo) sobre os produtos e/ou serviços que comercializa. Nada mais irritante do que o cliente perguntar alguma coisa sobre determinado produto e o vendedor responder: *"Eu não sei, não, eu só vendo".*

Exatamente porque vende, o vendedor tem a obrigação de saber tudo sobre o produto que vende e os serviços que oferece. O vendedor pode errar em qualquer ponto, menos nas especificações do produto. Ele deve conhecer o produto mais do que o cliente.

Estratégias comerciais

O vendedor deve conhecer todas as estratégias comerciais: que desconto pode dar, quais as melhores formas de pagamento para a empresa... Outro dia, um gerente de vendas me disse: *"Frazão, eu não sei o que acontece. Meus clientes não compram à vista. Não adianta. A gente oferece, mas não há jeito. Só parcelado. Não sei o porquê"*. Conversando com um vendedor da equipe desse gerente, eu perguntei: *"Por que os seus clientes só compram parcelado? Por que não fazem nenhuma compra à vista?"*. E o jovem, espantado, falou: *"Mas pode vender à vista?"*. Ou seja, se o vendedor nem sabe quais as condições de pagamento, é a estratégia comercial dessa equipe que não está clara, não está definida.

Concorrência

A concorrência deve ser explorada no treinamento, embora no Brasil isso não aconteça. Ora, o que será de nós se tivermos medo da concorrência?

Um bom exemplo de como analisar a concorrência foi dado por uma empresa de Atibaia (SP), que comprou todos os produtos da concorrência – um exemplar de cada – e os colocou sobre cinco mesas. Dividiu seus vendedores em cinco grupos e disse: *"Estes são os nossos concorrentes, vamos estudá-los"*. Um grupo ficou responsável por estudar as embalagens, outro grupo estudou o conteúdo, outro estudou a forma, outro o desconto etc. No final do dia, cada grupo apresentou os dados que colheu analisando a concorrência. Com certeza, os vendedores dessa empresa ficaram sabendo sobre o produto da concorrência tanto quanto, ou até mesmo mais, do que sabem sobre seu próprio produto. Isso dá uma vantagem competitiva enorme, porque o vendedor já vai até o cliente sabendo qual é o ponto forte e o ponto fraco do concorrente. E é o ponto fraco que trabalhamos na venda.

Metas e objetivos

Quando o pessoal está reunido em treinamento é o melhor momento para passar – e trabalhar – as metas da equipe, da empresa e a cobrança de resultados. Precisamos aproveitar esse momento para explorar a venda em ação e a motivação da equipe.

Técnicas de venda

O médico estuda anatomia, o advogado estuda leis, o engenheiro, cálculos. E o vendedor? Não estuda. Como você vai ser profissional? O vendedor deve estudar técnicas de vendas, maneiras de abordar, de fazer perguntas e de fechar negócios.

Existe uma vasta literatura no mercado sobre técnicas de venda. O livro *Show em Vendas*[*], por exemplo, foi desenvolvido para isso, para mostrar métodos de venda. Se pegarmos nossas equipes e treinarmos um capítulo por semana, nosso vendedor estará preparado para o dia a dia. Mas, repetindo, *precisa ser constante*, não pode parar.

---

[*]FRAZÃO, C. *Show em Vendas* – Verdades, mitos e mentiras em vendas. São Paulo: HARBRA, 2004. 128 p.

Capítulo 6

Oito Planos Eficazes para Treinar sua Equipe

Alguns gerentes afirmam com convicção: *"Eu não treino porque não tenho dinheiro para treinar minha equipe"*. Não é preciso dinheiro e sim ter ideias e criatividade. A receita é fácil. De maneira bem simples e direta, abordaremos oito planos para treinar vendedores com custo zero ou quase zero. São eles:

Plano 1
Reunir vendedores e gerar ideias (*brainstorming*)

Reúna seus vendedores, coloque-os em uma sala, dê papel e caneta para eles e diga: *"Pessoal, qual é a solução para o problema X? Vale tudo, qualquer ideia"*. Neste momento saia da sala e deixe-os trabalhar à vontade. Deixe que façam comentários, que achem a saída. Por mais tolas que sejam as ideias, sempre haverá uma ou duas que servirão. Algumas ideias podem parecer loucas à primeira vista, inviáveis, mas, olhando sob outra perspectiva, muitas vezes são elas que geram as grandes oportunidades de lucro e revolucionam o mercado. Portanto, incentive a criatividade e não ponha limites ou censuras na geração de ideias.

Quanto vale uma ideia nova para o seu produto? Não tem preço. E, normalmente, o vendedor só precisa de espaço para falar o que está pensando, colocar uma possível solução "para fora". Por isso, a primeira maneira de se treinar uma equipe de vendas é o *brainstorming* (tempestade cerebral), como se diz em publicidade. Se usarmos essa técnica de geração de ideias, muitos problemas serão resolvidos.

Plano 2
Livros, revistas e catálogos

O segundo plano é treinar por meio de livros e revistas. A leitura de livros força a concentração e desenvolve o raciocínio, além de muitos outros benefícios, como a melhora da escrita e do vocabulário.

Mas para isso é preciso não só dar a indicação, mas também cobrar a leitura. Você pode até ter boa intenção e fornecer livros e revistas para o seu pessoal, mas se não houver uma cobrança de sua parte, o material não será lido.

Uma pesquisa feita com dez mil vendedores mostrou um dado assustador: o vendedor brasileiro lê em média **18 minutos por ano**. Sei que quando falamos em média é preciso ter cuidado para não cometer injustiças. Há vendedores que leem dois livros em um mês e outros que não leem sequer uma revista durante o ano. Mas o fato é que a maioria dos vendedores não tem o hábito da leitura.

Uma sugestão para trabalhar a leitura e compromissar os vendedores é indicar toda sexta-feira um trecho de um livro a ser lido e informar que, na segunda-feira seguinte, será sorteado um vendedor para uma apresentação do texto à equipe. Para incentivar mais ainda, dê pequenos mimos aos que se saírem bem: bombons, balas, mensagens, aplausos, medalhas. O que vale não é o valor do prêmio, mas o *incentivo*, deixando claro o que a empresa espera de cada vendedor.

Reiterando, é preciso mandar ler e cobrar as leituras. Mande os vendedores lerem um capítulo de um livro e depois discutam-no em grupo, por exemplo. Você também pode pedir a seus vendedores para lerem um livro e fazerem um resumo, por escrito, para ser entregue em trinta dias. Assim que entregarem o resumo, indique outro livro para eles.

Plano 3
Simulação de vendas

Sem custos, esta sugestão é altamente eficaz, apesar de um pouco trabalhosa. Trata-se de uma simulação de vendas.

Reúna sua equipe de vendedores e selecione dois deles. Um fará o papel de comprador e outro, de vendedor. Eles simularão para a equipe uma ação de vendas, o que lhe dará a possibilidade de anotar os pontos fortes e fracos dos vendedores. Se você filmar, melhor ainda, porque terá isso registrado e poderá repassar se necessário – com a simulação gravada é possível mostrar e discutir as falhas com os participantes.

Como todos os vendedores cometem, em geral, o mesmo erro, ao assistir à simulação e aos comentários perceberão as possíveis falhas e não as cometerão mais. E o inverso também é válido. Por exemplo, se o vendedor fala algo interessante, ao voltarmos a fita, poderemos mostrar os motivos que o levou a conseguir a venda.

Nos EUA, que são referência mundial em treinamento de vendas, a simulação é uma das formas mais utilizadas de treinamento. Eles investem pesado nisso e não é à toa, pois, com certeza, o retorno sobre o investimento é muito alto. Os vendedores não vão a campo, não vão à rua, sem estar com a simulação 100% perfeita.

Plano 4
Orientação pessoal – o *coach*

Outro plano é a análise do vendedor por meio do *coach* (treinador). O que é isso? É o treinamento homem a homem, corpo a corpo. É sair com seu vendedor e mesmo no trajeto entre um cliente e outro dar-lhe o reforço pela atuação positiva e corrigir o que está errado. Se você supervisiona um *call center*, por exemplo, sente-se ao lado do operador e a cada término de ligação corrija o que for necessário.

Esse é um método altamente eficaz, mas tem a desvantagem de ser muito lento. Se sua equipe tem cinquenta vendedores, você vai demorar cinquenta dias úteis para passar por todos eles. Se for esse o caso, então é melhor dividir esse trabalho com supervisores ou líderes de vendas.

Plano 5
Caixinha de surpresas

Outra forma de treinamento, muito simples, é a caixinha de surpresas. Pegue uma caixa de papelão vazia, de sapatos, por exemplo. Em pequenos papéis, escreva frases de objeções, como "está caro", "vou pensar", "liga amanhã", "prefiro o concorrente...". Dobre-os e coloque-os dentro da caixa.

Na reunião de treinamento, peça a cada vendedor para sortear uma objeção e abordá-la como se tivesse sido levantada por um cliente (como se essa objeção fosse real). Não se esqueça de cumprimentá-lo a cada boa solução. Vale bater palmas e toda a equipe o estimular. Mas, se o vendedor não convencer, diga simplesmente: *"Você não está respondendo certo, melhor pensar outra vez, recomeçamos quando todos tiverem falado"*. E continue com o restante da equipe sorteando as objeções. Ao final, retorne ao vendedor que não se saiu bem. Enquanto ele não conseguir tratar aquela objeção de uma forma boa, não adianta mandá-lo visitar o cliente.

Qual é o custo desse tipo de treinamento? Nenhum. E você pode fazer isso com características do produto, benefícios etc.

Plano 6
Sessão de cinema com pipocas

Aproveite as fitas de vídeo ou os DVDs de treinamento, que, em geral, são curtos, em torno de vinte minutos. Reúna os vendedores, estoure pipocas e asistam ao filme. Acabada a exibição, converse com eles por dez minutos: *"O que vocês acharam? Como podemos usar isso para o nosso negócio? É possível ou não é possível?"*. Assim, de uma forma muito descontraída, leve, barata, fácil e extremamente eficaz, podemos treinar nossa equipe, aliviando, até, a carga diária de tensão.

Neste plano, são muito mais importantes a criatividade e a atitude do que o dinheiro, já que o investimento na compra de um vídeo é baixíssimo e, além do mais, esse DVD poderá ser usado por anos e anos.

Plano 7
Depoimentos pessoais e estudos de casos

Não há como negar que os treinamentos pelo exemplo estão se tornando uma ferramenta de grande importância para as empresas que combinam, de maneira especial, as experiências vividas pelos seus vendedores, a disponibilidade em escutá-los e as habilidades pessoais na superação dos desafios.

Capítulo 6 | Oito Planos Eficazes para Treinar sua Equipe

Esse método de treinamento é utilizado com frequência cada vez maior por ser simples, eficaz e rápido. É baseado no plano de "geração de ideias", com a diferença de que nesse modelo os vendedores devem comentar seus casos bem-sucedidos. As lições são tiradas e transmitidas ao grupo com o intuito de se aplicar as soluções.

Reúna a equipe em um ambiente informal e descontraído, se possível com alguns comes e bebes. Arrume as cadeiras em forma de círculo e pergunte: *"Quem gostaria de compartilhar conosco alguma venda bem-sucedida ou um caso de sucesso em vendas?"*. E estimule-os a falar. Após os relatos pergunte novamente: *"Que lição tiramos disso e como podemos aplicar em nosso dia a dia?"*.

A grande vantagem desse tipo de treinamento é que as relações desenvolvidas, com os desafios vivenciados na venda e com a superação dos limites pessoais, são direcionadas, concretamente, às situações enfrentadas no dia a dia por todos os funcionários, independentemente do setor. É aconselhável um clima gostoso e amigável, com aplausos e oferta de pequenos brindes aos escolhidos, como bombons, por exemplo. É uma forma poderosa de treinamento e não custa nada. O ideal é que este treinamento seja rápido e direto, não ultrapassando cinquenta minutos de duração. Penso que todos têm boas histórias e, com humildade, podemos aprender com todos o caminho do sucesso e da riqueza! O mesmo pode ser feito com casos de fracasso para verificar quais foram os erros cometidos e as lições aprendidas com eles, mas só faça de vez em quando! O ideal é focar apenas nos casos de sucesso.

Plano 8
Palestras e cursos

Ainda que muitas vezes não seja o plano mais barato, é, sem dúvida, muito eficaz e faz com que os participantes mudem e revejam seus comportamentos. Atenção especial deverá ser dada à qualidade do palestrante que ministrará o treinamento e à seriedade e histórico da empresa organizadora.

Quem compra inscrição para participar de uma palestra ou de um curso tomando como critério o preço baixo da inscrição corre o risco de pagar *duas* vezes, pois, se o treinamento, ou a palestra ou o curso não for bom, não funcionar na prática, precisará de novo curso. Um bom curso fará com que o investimento nele volte como resultado de vendas!

Capítulo 7

Verificar e Organizar o Material do Vendedor

Um gerente de vendas deve organizar e providenciar todas as ferramentas de trabalho para seus vendedores. Outro dia, um vendedor foi vender um plano de saúde na minha casa. Ele não tinha calculadora, pediu a minha; não tinha caneta, pediu a minha. Tirou a tabela com gordura de ovo que tinha caído dentro da mala dele. No prospecto, as clínicas credenciadas estavam desatualizadas. Não tinha pesquisas novas. A mala do vendedor estava um caos. Essa é a imagem que você deseja que o vendedor passe de sua empresa?

Sei que não é obrigação do gerente organizar a pasta e os materiais de seu vendedor, mas sei também que muitos vendedores não têm autogestão e senso de organização suficientes para isso. Então, vá com jeito e confira os materiais e as ferramentas de vendas do seu pessoal. Faça a vistoria, não tenha medo. Antes de o vendedor visitar o cliente, peça para ver a mala e veja o que ele leva. Não incorra no erro de invadir a privacidade do seu vendedor: sempre *peça a ele* para lhe mostrar seu material de trabalho: *"Por favor, pegue seu material como se fosse vender para um cliente e vamos conferir. Mostre-me calculadora, canetas, talão de pedidos etc.".*

Como a organização do material de trabalho é fundamental para o sucesso da equipe, faça um *check-list* do que deve conter a pasta, o carro, a mesa de sua equipe. E nunca deixe que seu

Capítulo 7 | Verificar e Organizar o Material do Vendedor

vendedor saia, nem inicie uma ligação, despreparado. Também oriente seus vendedores a jamais pedirem algo emprestado aos clientes, pois nesse caso já ficarão em desvantagem na situação de venda.

Em um *call center* (ou departamento de vendas internas) é a mesma coisa. Imagine um operador falando com um cliente já há alguns minutos e inicia a fase de negociação. Ele precisa calcular um desconto, mas encontra-se de tudo em sua mesa, menos uma calculadora. Não resta outra coisa a fazer a não ser dizer ao cliente: *"Só um minutinho"*. E enquanto isso ele pede a calculadora emprestada para a colega ao lado: *"Rápido, rápido, que o cliente está esperando..."* – e acaba fazendo sinais de mímica para ser atendido pela colega. Após pegar a calculadora, tenta calcular o desconto e se perde todo porque a calculadora que pegou emprestada é diferente das tradicionais, e diz novamente, já suando frio: *"Senhor, só mais um minutinho"*. E o cliente responde: *"Estou ocupado agora, por favor me liga mais tarde quando já tiver o valor"*.

Pronto, a venda escapou e, provavelmente, esse cliente nunca mais atenderá o operador novamente. Este caso verídico, que presenciei, não é nenhuma novidade e é muito frequente nas empresas.

Reforce com seus vendedores que a venda é uma decisão muito mais emocional do que racional – para comprovar isso, peça a eles para fazer uma lista das últimas cinco coisas que compraram e responder: no momento da compra, o bem adquirido era de extrema necessidade? Havia um produto semelhante, mas de menor valor? Hoje eles fariam essa mesma compra? As respostas reforçarão que a venda ocorre em um momento mágico, quando um simples deslize é suficiente para quebrar esse processo. Portanto, imagine as consequências se, por acaso, o vendedor esquecer um contrato, uma calculadora ou uma caneta.

A venda é uma relação de causa e efeito, em que o vendedor faz pequenas coisas (causa) que darão determinados resultados (efeitos); por isso, os detalhes fazem toda a diferença entre o sucesso e o fracasso nas vendas. Então, cuide do material de trabalho com capricho, carinho e *venda mais*!

Capítulo 8

Dez Soluções Práticas para Aumentar as Vendas Imediatamente

Pezoa Ronda, um dos maiores diretores de vendas do Chile, disse: *"O sucesso da minha equipe se deve ao fato de que meu pessoal está há trinta dias em treinamento com dez horas de estudo diário. Três meses de experiência em campo com uma hora de estudo por dia sobre as dificuldades vividas no dia e uma reunião semanal com os vendedores campeões".* Não há quem não forme uma equipe vencedora com uma carga dessa de treinamento. Mas nem sempre isso é possível.

A seguir, dez soluções práticas que podem ser aplicadas de imediato em praticamente qualquer ramo de negócios. São dicas e técnicas valiosas que trarão resultados rápidos.* Seguindo essas dicas, você treinará sua equipe com sucesso!

1.ª Solução
O coração compra mais do que a razão

A primeira técnica de vendas é o *poder da imaginação.* Todos nós, quando ouvimos a palavra "imagine", automaticamente começamos a imaginar, queiramos ou não. Por exemplo, quando ouvimos *"Não imagine uma bicicleta branca"*, nosso subconsciente não entende isso e imediatamente imaginamos a bicicleta branca. Ninguém é capaz de conter o poder da imaginação.

---

*As soluções práticas oferecidas a seguir fazem parte da palestra e do livro *Show em Vendas*®, um verdadeiro "treinamento de guerra" para vendedores e representantes.

Capítulo 8 |Dez Soluções Práticas para Aumentar as Vendas Imediatamente

Aliado a isso, as pessoas compram muito mais pela emoção do que pela razão, ou seja, quando se envolve emoção na venda, sempre respeitando a ética, fica muito mais fácil o cliente comprar.

Os clientes também compram por dois motivos: pelo prazer de ganhar ou pelo medo de perder. Conhecendo esses dados, o que precisamos fazer é acrescentar esses elementos à técnica de venda:

- ✧ **prazer de ganhar** – o vendedor deverá enfatizar as vantagens e os benefícios que o cliente terá fechando negócios com ele, fazendo com que ele imagine essas vantagens;
- ✧ **medo de perder** – é um sentimento muito forte e pouco utilizado em vendas, porque os cursos tradicionais de vendas sempre orientam os vendedores a falarem para os clientes os benefícios e esquecem esse elemento poderosíssimo.

A seguir, algumas situações de venda e como aplicar a técnica **poder da imaginação** + **prazer de ganhar** ou **medo de perder** para obter muitas vendas.

Exemplo 1 – um vendedor porta a porta, vendendo cosméticos para uma dona de casa (consumidora final):

- ✧ Baseado no prazer de ganhar: *"Imagine a senhora usando este ótimo creme e tendo a pele macia e cheirosa após o banho; imagine a sensação de frescor, higiene e bem-estar..."*
- ✧ Baseado no medo de perder: *"Imagine a senhora, depois de um dia de trabalho, toma seu banho e continua com a pele ressecada, perdendo elasticidade..."*

Exemplo 2 – um balconista de um armazém, vendendo adubo para um agricultor (produtor):

- ✧ Baseado no prazer de ganhar: *"Imagine sua plantação mais forte, mais bonita, imagine o senhor ganhando um rendimento maior por hectare..."*
- ✧ Baseado no medo de perder: *"Imagine se der uma praga em sua lavoura; imagine sua plantação morrendo, doente e comprometendo todo seu dinheiro..."*

Como Formar, Treinar e Dirigir Equipes de Vendas

Exemplo 3 – um distribuidor de produtos odontológicos, vendendo para uma dentista (serviços):

◇ <u>Baseado no prazer de ganhar</u>: *"Imagine a senhora ganhando tempo no atendimento e podendo atender mais clientes por dia; imagine seus clientes satisfeitos com a qualidade e indicando mais clientes..."*
◇ <u>Baseado no medo de perder</u>: *"Imagine a senhora tendo de refazer os serviços em um paciente, perdendo tempo e deixando de atender outros clientes; imagine esse cliente saindo e falando mal da senhora para outros clientes..."*

Exemplo 4 – lojista, vendendo um *video game* para um pai (consumidor final):

◇ <u>Baseado no prazer de ganhar</u>: *"Imagine seu filho sorrindo ao receber este* video game *novo; imagine seus familiares e amigos lhe fazendo elogios pelo presente de última geração, que ninguém ainda tem..."*
◇ <u>Baseado no medo de perder</u>: *"Imagine seu filho frustrado ao abrir o presente, ao não receber o que ele esperava; imagine se o senhor comprar um produto mais barato que não tenha garantia e ele se quebrar..."*

Exemplo 5 – indústria, vendendo matéria-prima para outra indústria:

◇ <u>Baseado no prazer de ganhar</u>: *"Imagine sua produção saindo perfeita, sem problemas; imagine seu produto final com a qualidade melhor que a do seu concorrente..."*
◇ <u>Baseado no medo de perder</u>: *"Imagine sua produção saindo com defeito; imagine sua máquina parada e seus clientes reclamando..."*

Exemplo 6 – escola de idiomas, vendendo serviços para alunos:

◇ <u>Baseado no prazer de ganhar</u>: *"Imagine você falando inglês fluentemente e os outros olhando para você; imagine uma oportunidade de viagem surgindo em seu trabalho e você sendo o único que sabe falar, sendo o escolhido para a viagem..."*
◇ <u>Baseado no medo de perder</u>: *"Imagine você perdendo uma ótima oportunidade de emprego por não saber inglês; imagine você perdendo a oportunidade para o colega ao lado..."*

Capítulo 8 | Dez Soluções Práticas para Aumentar as Vendas Imediatamente

O bom vendedor faz o cliente imaginar e vivenciar as situações que o ajudarão a fechar a venda e não quanto ganhará de comissão pela venda... Muitas vezes na frente do cliente!

Em resumo: faça seus clientes imaginarem os benefícios que ganharão comprando de você ou faça-os imaginarem as coisas que poderão perder se não comprarem de você. É muito mais fácil vender quando o cliente visualiza o que estamos falando.

2.ª Solução
A força de depoimentos e testemunhais

Outra técnica que ajuda muito na hora da venda – e que pode servir para qualquer atividade – é o que chamo de *depoimentos*. Uma técnica potente, a arma mais importante que não pode faltar no arsenal de um vendedor. *Nada vende mais que uma história verdadeira.* Depoimentos, testemunhos de pessoas falando bem de seu serviço e de sua empresa são poderosas armas de vendas.

Imaginemos, por um instante, que somos donos de uma metalúrgica. Recebemos a visita de um vendedor propondo um anúncio em um guia, por exemplo, Guia Alpha. *"Anuncie nesse guia porque muitas pessoas vão te procurar"*, diz o vendedor. Mas o anúncio custa R$ 2 mil por mês e ficamos em dúvida. Diante dessa situação, o vendedor tira uma lista da pasta (nós somos donos da empresa, lembrem-se!) e diz: *"Antes de decidir, deixe-me mostrar um depoimento. Você conhece a empresa X?".* Como somos do mercado, nós conhecemos. *"Conhece o senhor Wanderley, diretor?"* Conhecemos. E ele diz o seguinte: *"Como o mercado é uma gangorra, precisamos fazer malabarismo para ampliar as vendas, por isso investimos no Guia Alpha. Comparando com todos os outros veículos em que anunciamos, esse é o que nos propiciou bons negócios. Estamos supersatisfeitos, até conseguimos uma exportação para o Peru por meio do Guia Alpha".* E o vendedor continua: *"Deixe-me mostrar esse aqui também. Vocês conhecem o pessoal da empresa Y?".* Também o conhecemos. E ele continua: *"Nossos contatos aumentaram significativamente e fechamos bons negócios. Também percebemos que os assinantes do Guia Alpha são clientes de qualidade e grandes companhias. Quem entra em contato conosco por meio do Guia Alpha é o executivo que participa efetivamente na hora da compra".* E o vendedor continua a nos apresentar muitos depoimentos convincentes... Como estará o nosso sentimento depois desses testemunhos? Vamos anunciar no Guia?

Por que o depoimento é tão poderoso? Porque a palavra de um cliente *vale mais que mil palavras de um vendedor*. O cliente acredita muito mais na palavra da concorrência. Uma empresa de cerveja, que eu treinei por meio de depoimentos, aumentou suas vendas em 11%. E 11% em um mercado de cerveja é uma coisa violenta. E tudo isso só com a ajuda de depoimentos.

Em resumo: é muito mais fácil vender usando depoimentos e testemunhos como prova, porque isso aumenta a credibilidade do vendedor. Essa é a técnica de fechamento mais forte que existe.

3.ª Solução
Como agendar entrevistas de vendas por telefone

Muitos vendedores revelam que não conseguem agendar visitas, que não conseguem marcar as datas... Eles não aplicam o conceito da *venda antes da venda*. Por telefone, é preciso primeiro "vender a entrevista" para, só depois, vender o produto. Ele deve vender a entrevista, dizer ao cliente por que ele deve receber o vendedor, que benefícios ele terá em ouvi-lo. Depois, quando estiver diante do cliente, aí sim poderá vender o produto. Por exemplo, imagine um vendedor dizendo ao telefone: *"Oi, aqui é o fulano da empresa X de consórcio, queria marcar uma entrevista com o senhor para vender uma cota de consórcio".* Com essa abordagem, é mais difícil ser atendido... É preciso que ele primeiro "venda a entrevista" para só depois, quando estiver na frente do cliente, vender o produto ou serviço em questão.

Também pode ser muito útil aos seus vendedores utilizar a Técnica da Hora Quebrada. Toda vez que o vendedor quiser marcar uma entrevista, ele deve marcar este horário faltando 25, 20 ou 15 minutos para alguma hora inteira. Por exemplo, 20 para as 4h, 5 para as 3h etc. Sugerindo horas quebradas é muito mais provável que o vendedor seja atendido do que se marcar horários como 15h, 16h e assim por diante. Por quê? Porque o

Capítulo 8 | Dez Soluções Práticas para Aumentar as Vendas Imediatamente

cliente inconscientemente imagina que a entrevista durará 25, 20 ou apenas 15 minutos.

Se eu digo: *"Gostaria de marcar uma entrevista com o senhor segunda-feira às 11 horas"*, na cabeça do cliente, vou tomar uma hora inteira da vida dele! E ele não tem uma hora inteira para atender a um vendedor. Agora, se um vendedor liga para o cliente e diz: *"Senhor João, gostaria de marcar um horário com o senhor na segunda-feira às 20 para o meio-dia. Serei breve e objetivo"*, a chance de ele ser atendido é 70% maior.

A venda é uma relação de causa e efeito e todos os detalhes fazem a diferença. Não existe mágica – são pequenas causas, pequenos detalhes, que resultarão no efeito, na venda.

Em resumo: para agendar visitas, primeiro venda a necessidade de o cliente lhe atender e só quando estiver frente a frente com ele é que você deve vender o produto ou serviço. É o que chamamos de "a venda antes da venda". Em segundo lugar, use a Técnica da Hora Quebrada para marcar horários com 25, 20 ou 15 minutos de antecedência para alguma hora cheia, pois isso passará a impressão para o cliente de que a reunião será rápida e objetiva.

4.ª Solução
A surpreendente técnica de apresentação

Esse é um dos maiores problemas por que passam as equipes de venda hoje em dia e pode estar afetando a sua equipe também. É necessário entender que nem todas as pessoas possuem uma visão mais apurada, por isso não conseguem prever o que o produto proporcionará a elas. Cabe, então, ao vendedor mostrar e fazê-las entender os benefícios recebidos. Às vezes, o que é óbvio para o vendedor pode não ser para o cliente.

Um erro muito comum entre os vendedores é não saber vender os benefícios do produto. Oferecem somente as características. O mais importante em uma boa apresentação de vendas é mostrar o que o produto faz pelo cliente (benefício) e não o produto em si (característica). Aplique um exercício, simples, mas poderoso, que consiste em você falar sempre sobre a característica de um produto/serviço ao cliente. Ao expor um

27

produto, pergunte sempre a si mesmo: **"E daí?"**, pois é essa pergunta que passa pela cabeça do cliente. Em seguida, complete com **"isso significa..."**, pois, automaticamente, a frase puxará o benefício que fará o cliente comprar. Veja na tabela a seguir alguns exemplos de aplicação dessa técnica:

Característica	Pense	Diga...	Benefício
Essa geladeira é moderna.	E DAÍ?	Isso significa...	mais beleza e economia de energia.
As brocas são diamantadas.	E DAÍ?	Isso quer dizer...	furos rápidos e perfeitos.
O carro é 1.0.	E DAÍ?	Isso significa...	mais economia e custo baixo.
O produto apresenta cofermol com 1,3% de cobalto.	E DAÍ?	Isso servirá para...	trazer 17% de rendimento a mais na lavoura.

Lembre-se de que para chegar ao coração do cliente é preciso passar primeiro pelo cérebro dele. E também esteja sempre atento às necessidades do seu cliente, fale dos benefícios que resolverão os problemas dele, como ganhar dinheiro, parar de perder clientes, ter segurança, tranquilidade, mais saúde... Lembre-se, sempre que falarmos alguma característica, o cliente pensará: **"E daí?"**, e se ele não obtiver resposta, não comprará. Então, não venda o produto, venda o que o seu produto e/ou serviço fará pelo cliente, porque só chegamos ao coração de uma pessoa passando pela mente antes.

Em resumo: venda "mais beleza e economia de energia" e não uma geladeira, venda o que o produto ou serviço fará pelo cliente e não o produto ou serviço em si. A melhor maneira de fazer isso é se perguntar após cada item de uma apresentação **"E daí?"**. Se não tiver resposta, é sinal de que você está tentando vender característica.

5.ª Solução
Não vender o produto ou o serviço

Pergunte ao vendedor: *"O que você vende?"*, e provavelmente ele responderá algo que se enquadra na visão limitada do que se

Capítulo 8 | Dez Soluções Práticas para Aumentar as Vendas Imediatamente

vende. Alguns exemplos: Kopenhagen vende chocolate? Victor Hugo vende bolsas? Harley Davidson vende motos?

Em vendas, existe algo chamado de "visão míope", que apelidei carinhosamente de "Visão Mister Magoo", isto é, quando só enxergamos o produto que estamos vendendo e não o que está por trás dele. Mas existe uma outra visão chamada "visão estratégica" ou "visão de águia". Por exemplo, sob a óptica da visão estratégica, Kopenhagen vende presentes e sedução e seus concorrentes são floriculturas, motéis e lojas de *lingeries*. Victor Hugo vende *status* e sucesso. Harley Davidson vende estilo e juventude.

A maioria dos vendedores desconhece o verdadeiro significado, o real motivo para a compra de seu produto. Não venda o produto ou o serviço! Venda o que o produto ou serviço significarão para o cliente. Assim será muito mais fácil vender!

6.ª Solução
Enlouquecendo a concorrência

Muitas empresas perdem vendas, todos os dias, por ignorarem ou não saberem lidar com a concorrência. Não dá mais para tapar o Sol com a peneira – é preciso encarar a concorrência com profissionalismo e, para isso, dois fatores são fundamentais:

1. estudá-la em detalhes, a fim de conhecer seus pormenores, suas fortalezas e suas fraquezas. Testar seu atendimento, promoções, distribuição, embalagens e preços;
2. antecipar-se a ela.

Prepare-se para lidar com a concorrência, **usando seus pontos fortes** – é muito mais fácil conquistar um cliente aproveitando os próprios pontos fortes do que tentar vencê-lo usando os pontos fracos da concorrência. Por isso, seja preciso e objetivo ao expor o seu talento, aquilo que o fez único e de maneira insubstituível, explorando ao máximo o seu diferencial competitivo.

Não agrida a concorrência, mas também não seja ingênuo e medroso. Haja com ética e profissionalismo, rapidez e inteligência e faça boas vendas!

Em resumo: para vencer a concorrência, é necessário chegar antes do seu concorrente, estudá-lo e vender usando seus pontos fortes.

7.ª Solução
Praticar a abordagem que abre portas

O fechamento de vendas começa com uma boa abordagem. Os primeiros instantes são fundamentais e abrirão (ou fecharão) portas para nós durante a venda. Os clientes não gostam de gastar dinheiro, por isso são comuns desculpas do tipo: *"Estou sem tempo agora"*. Para este caso, uma dica que funciona é se antecipar e dizer: *"Sei que seu tempo é valioso, por isso serei breve e objetivo"*.

Em seguida faça o que chamo de "quebra-gelo", algum comentário sobre algum objeto à vista, o clima, uma notícia positiva sobre o mercado (por isso, mantenha-se atualizado) ou qualquer outro assunto que não seja venda, mas cuidado para não exagerar ou ser falso. Estabeleça um ponto em comum. Você deve sempre ser verdadeiro e sincero, pois os clientes não são bobos e percebem a mentira.

Fale corretamente. Capriche no português, dicção, pronúncia e entonação. Muitos clientes não compram simplesmente porque não entendem a fala do vendedor. Evite palavras e expressões que sugerem amadorismo, como: cara, meu, né, tá, baratinho, pedidinho, benzinho, queridão, fofa, ô grande, mimosa...

Finalmente, crie abordagens positivas que abram as portas. Veja abaixo a diferença entre os tipos de abordagem errada e correta.

◇ Um vendedor na farmácia diz:
> **Abordagem errada:** Quer o tubo de pasta maior?
> **Abordagem certa:** Quer o tubo de pasta mais econômico?
◇ Um frentista de um posto de gasolina diz:
> **Abordagem errada:** Vai quanto hoje, chefe?
> **Abordagem certa:** Completo o tanque, senhor?

Reveja seu discurso inicial e, se necessário, crie uma abordagem de alto impacto que abrirá muitas portas para você vender muito mais!

Outro elemento que devemos lembrar é que o nome do cliente é uma das palavras mais fortes que devemos dizer. Trate o cliente pelo nome sempre que possível. Essa dica simples e valiosa fará você parecer simpático e familiar. Outra dica importante na abordagem é procurar igualar a velo-

Capítulo 8 |Dez Soluções Práticas para Aumentar as Vendas Imediatamente

cidade da sua fala à do cliente. Você certamente já ouviu reclamações do tipo: *"Esse vendedor me irrita"* ou *"Esse vendedor é muito mole"*. Isso se dá porque o ritmo da fala do vendedor está muito mais rápido (ou mais lento) do que o ritmo do cliente. Sem sintonia não há confiança e, consequentemente, não há venda.

Ainda podemos classificar as abordagens em três tipos:

◇ **abordagem ruim** – é aquela na qual o vendedor, malvestido e desanimado, atende o futuro cliente sem vontade, dizendo, por exemplo: *"Alô"*, ou pessoalmente diz: *"Fala!"*, queimando a venda já na abordagem;

◇ **abordagem normal** – é aquela em que o vendedor atende de maneira normal e diz "o nome dele", "o nome da empresa" e "bom-dia", "boa-tarde" ou "boa-noite". Não encanta nem desabona, já que o mercado está acostumado com esse tipo de abordagem;

◇ **abordagem vendedora** – dá-se quando o vendedor atende, bem-vestido, motivado e com um sorriso sincero no rosto. Além disso, ele também diz "o nome dele", "o nome da empresa" e "muito bom-dia!", "muito boa-tarde!" ou "muito boa-noite!" O vendedor nesta abordagem mostra, pelo entusiasmo, que é muito bom atender o cliente e, com isso, já começa bem o processo da venda.

Em resumo: o cliente é o único que pode demitir todos de uma empresa, do mais alto executivo ao mais humilde funcionário, simplesmente gastando o dinheiro dele em outro lugar. Capriche na abordagem e faça-a de coração, com alegria e entusiasmo e garanto que você passará a vender como nunca vendeu antes.

8.ª Solução
O que fazer quando o cliente diz:
"Vou pensar, me liga amanhã".

Normalmente, quando os clientes querem despachar os vendedores, mas não têm coragem, dizem: *"Vou pensar, me ligua amanhã"* ou *"Preciso falar com meu sócio ou esposa"*, ou qualquer outra desculpa desse tipo.

Quando isso acontecer novamente, não aceite passivamente. Pergunte:

- ✧ *"Qual a sua dúvida?"*
- ✧ *"Qual a diferença entre fechar agora ou amanhã?"*
- ✧ *"De zero a dez, qual a chance que tenho de o senhor comprar amanhã?"*
- ✧ *"Se o senhor não tivesse sócio e pudesse decidir sozinho, o senhor compraria agora?"*
- ✧ *"Fique tranquilo, seu sócio elogiará a atitude, visando ao futuro da empresa".*

Insista um pouco, mas cuidado para não se tornar chato. Quando não tiver outra saída a não ser adiar a definição, não deixe a segunda visita em aberto: saia do cliente já com data e hora marcadas para a segunda entrevista, assim: *"O senhor prefere que eu volte amanhã no início da manhã ou no final da tarde?"*. Abra a agenda na frente dele e anote. Você mostrará que é uma pessoa profissional.

Lembre-se sempre de que é preciso "malhar o ferro" enquanto ele ainda está quente, pois se esfriar... É isso que pensam os campeões em vendas – para eles não existe amanhã. O desafio é ser firme (sem ser chato), mas tendo certeza de que bom senso e algumas dicas ajudam a ganhar muito dinheiro. Uma coisa é certa: se você aceitar passivamente as desculpas dos clientes, quando se despedir ou desligar o telefone, adeus! Será como ver o trem partindo da estação!

Além de uma *atitude* de fechamento, os vendedores precisam também de técnicas de fechamento. Os clientes não são iguais; logo, não compram da mesma forma. Esse é um dos motivos pelos quais os vendedores perdem muitas vendas todos os dias. Eles sabem apenas um ou dois tipos de fechamento e os usam com todos os clientes, como se todos fossem iguais.

Se o cliente é inseguro, precisa de um fechamento que passe segurança. Se ele quer desconto, precisa de um fechamento que dê essa sensação a ele e assim por diante. Veja alguns tipos:

- ✧ **solicitar o pedido** – a melhor maneira de vender é solicitar que o cliente compre. Não espere que ele peça para comprar. Você deve agir primeiro. Se esperar muito, outro

Capítulo 8 |Dez Soluções Práticas para Aumentar as Vendas Imediatamente

chegará na sua frente. Arrisque tentativas, como: *"Deseja que eu lhe envie na semana que vem? Gostaria de um acessório adicional?"*. É como lançar o anzol na água; de repente, o peixe morde a isca;

⬩ **pontos fortes e fracos** – este é um dos mais poderosos fechamentos e funciona muito bem com clientes detalhistas e inseguros. Pegue uma folha em branco e divida-a ao meio com um risco. Peça para o cliente escrever de um lado todos os pontos positivos da compra e, do outro, todos os negativos. É muito importante que ele anote, e não você. É importante que use as expressões: *"Vantagens em comprar e vantagem em não comprar"*. Não use a palavra "desvantagem", na qual está implícito um sentimento de perda. Feito isso, se você fez uma boa apresentação, por uma questão matemática, ele irá comprar. Faça o teste e veja o resultado!

⬩ **reduzir ao mínimo** – ideal para clientes que querem pagar pouco. Mostre para o cliente como o seu produto ou serviço é barato e acessível, dividindo o valor dele pelo número de dias que ele durará ou pelo prazo de pagamento. Exemplo: *"Neste plano de saúde o senhor investirá somente R$ 9,70 por dia para ficar tranquilo. Além disso, sua família merece este investimento"* (perceba que R$ 9,00 ao dia soa mais barato que R$ 291,00 por mês);

⬩ **concordância por meio de pequenos pontos** – planeje previamente perguntas nas quais obterá uma série de respostas afirmativas. Ao falar com o cliente, introduza essas perguntas na conversa, criando assim um clima de cumplicidade. Após um determinado tempo de conversa, o cliente se sentirá praticamente obrigado a comprar, caso contrário estará indo contra tudo o que ele mesmo afirmou. Exemplo de uma sequência de perguntas que leva a respostas afirmativas "O senhor quer ganhar mais?", "O senhor quer um produto de qualidade por um preço sem abuso?", "O senhor gostaria de ficar mais feliz?".

⬩ **opções positivas** – nesse tipo de fechamento, você oferece ao cliente duas opções positivas e a resposta a qualquer uma delas culminará com a venda. Exemplos: *"O senhor prefere*

Como Formar, Treinar e Dirigir Equipes de Vendas

pagar à vista ou a prazo? A senhora quer fazer em nome de pessoa jurídica ou pessoa física?".

Em resumo: peça para seus vendedores não desistirem. Peça para que argumentem sempre. Insistindo um pouco mais, você verá seus vendedores revertendo muitas vendas que estavam aparentemente perdidas! Para fechar vendas é preciso uma atitude firme de fechamento e dominar a situação, "pressionando" levemente o cliente, mas sem ser chato. É fundamental dominar as técnicas de fechamento para aumentar as chances de vender. A empresa que possui vendedores que não estão preparados para fechar vendas perde fortunas.

9.ª Solução
Como vender um produto igual ao do concorrente por um preço mais alto

É fundamental que o vendedor entenda a diferença entre valor e preço. Quem vende preço só tem uma maneira de vender: abaixando o preço. E é preciso tomar cuidado com a guerra de preços, pois ela já quebrou e vai continuar quebrando muitas empresas! Quem vende valor tem muitas outras maneiras.

Cada vez mais o vendedor precisará vender o intangível, o valor agregado, o serviço, ou seja, a marca, a qualidade, a história, os benefícios, a responsabilidade social e ecológica, a empresa e a cultura. É inegável que o preço alto é um obstáculo às vendas e, em alguns casos, centavos fazem a diferença, mas não é só o preço que define a venda, preço é importante, mas credibilidade é muito mais. Os clientes raramente deixam de comprar por preço, mas com frequência deixam de comprar por falta de confiança.

Barato ou caro é relativo e dependerá da pessoa, pois o que é caro para um comprador poderá não ser para outro e preço baixo muitas vezes é entendido como baixa qualidade. Você trataria seus dentes com o dentista mais barateiro da cidade, por exemplo? Outra coisa certa é: quanto mais o cliente **desejar** o produto, mais barato ele parecerá, pois um produto pode parecer extremamente barato se for o objeto de desejo do cliente. E o inverso também é verdadeiro: para um cliente que não veja a menor graça naquele produto, o preço parecerá um insulto, um roubo.

Capítulo 8 | Dez Soluções Práticas para Aumentar as Vendas Imediatamente

Será que o nosso produto é tão ruim que precisamos abaixar o preço para vendê-lo? Não vale o que se está cobrando por ele? Nosso cliente sempre volta reclamando e querendo o dinheiro de volta? Não existe nenhum diferencial em relação ao concorrente? O preço baixo é o único valor que sua empresa e seus vendedores têm? Claro que não! Por isso não é preciso baixar o preço e sim justificar o valor. É preciso que o vendedor tenha isso muito claro; caso contrário, ele sairá oferecendo desconto de forma descontrolada. Quando um vendedor dá desconto para um cliente, em outras palavras ele está dizendo: *"Meu produto não vale o que estamos cobrando e também não temos diferencial, por isso vou baixar o preço para o senhor comprar de mim"*.

De acordo com Ian Brooks, em *Seu cliente pode pagar mais*, se a sua margem de lucro atual é de 20% e você reduziu o preço em 2%, para manter o mesmo lucro, o volume de vendas deverá ser 11% maior ou você estará perdendo. Para um desconto de 4% sobre uma margem de lucro de 20%, o volume de vendas deverá ser 25% maior. Isso para empatar. Ian Brooks apresenta esse cálculo de descontos sobre o lucro, e não sobre a venda, como vital para os empresários entenderem o problema que envolve o item "descontos". A empresa corre o sério risco de vender sem lucro e, se isso acontecer repetidas vezes, ela estará fadada a fechar as portas...

NOVE dicas valiosas para vender sem dar descontos:

1. Utilize diferentes formas e prazos de pagamento.
2. Sempre que falar em preço, fale em seguida em valor.
3. Enfatize o relacionamento, a simpatia, e sempre chame o cliente pelo nome.
4. Faça pequenas cortesias e gentilezas.
5. Enfatize o lucro e/ou benefício que ele está comprando de você.
6. Valorize a extrema qualidade, a escassez, o *status*, a grife, o estilo, o prestígio.
7. Crie uma ardente necessidade de comprar o produto.
8. Torne a compra rápida, simples e fácil.
9. Mexa com o ego do cliente, dizendo o que os outros vão achar!

ature Como Formar, Treinar e Dirigir Equipes de Vendas

10.ª Solução
Blindagem contra crises, fofocas e comentários negativos – A importância do entusiasmo

Muitas pessoas não acreditam em mais nada, perderam a vontade de lutar, chegam até nós e dizem: *"Isso não vai dar certo! Está difícil"*. Pessoas que agem assim não criam um ambiente propício para vendas. Por isso, é preciso fazer uma blindagem da equipe, especialmente da equipe de vendas. Uma blindagem contra crises, comentários negativos e fofocas. Como fazemos isso?

A resposta é simples (mas não é fácil): por meio do exemplo. A blindagem começa pela liderança. Nós não podemos nos abalar nem permitir, sequer por um instante, que os vendedores acreditem que existe crise. Diga: *"Não existe crise, nunca tivemos um momento tão bom para vender"*.

Devem ser proibidas, em um salão de vendas, frases como: "está difícil"; "não vou conseguir"; "véspera de feriado não vende"; "este mês não é bom para vendas", entre outras. Se a palavra crise está sempre presente, estamos perdendo muito dinheiro. Os vendedores não vendem!

É preciso blindar os vendedores, implantar o positivismo, a fé e a esperança. Isso vem de cima para baixo. É impossível ter uma equipe de vendas forte com uma liderança fraca!

Coloque no setor de vendas de sua empresa um cartaz ou faixa que diz: *"Aqui é proibida a entrada de crise e de pessoas negativas"*. Você pode ter o melhor produto do mercado, pelo menor preço, mas, se estiver contaminado pelo vírus da crise e desmotivado, não venderá nada e o inverso também é verdadeiro. Você pode ter um produto que não seja o melhor ou não tenha o preço mais baixo, mas, se estiver motivado, venderá e dará um *show* em vendas!

Estar motivado ou blindado é ter esperança de dar certo. Mas estar entusiasmado é muito mais. É agir como se já tivesse dado certo e fazer dar certo. Tenha em sua equipe profissionais contagiantes e dedicados, que transmitam aos clientes e também a todos da empresa sua paixão e seu potencial.

Não tenha dúvida, sem entusiasmo em sua apresentação, a venda ficará muito mais difícil. Você pode ter o melhor produto

Capítulo 8 | Dez Soluções Práticas para Aumentar as Vendas Imediatamente

do mercado, mesmo assim a decisão de compra será em grande parte emocional. O fato comprova, mas o entusiasmo convence!

Não arrume desculpas para o insucesso. Há quem fique esperando a vida melhorar, o sucesso chegar, para depois se entusiasmar. A verdade é que jamais se entusiasmarão com coisa alguma, pois o entusiasmo é que traz o sucesso.

Muitos vendedores perdem vendas e dinheiro todos os dias, pois "pensam pequeno". Têm medo de fazer uma proposta arrojada e perder o negócio. Esquecem que o bolso do cliente não é igual ao deles. O que é caro para o vendedor pode não ser para o cliente. Vendedores precisam pensar grande e pronunciar palavras que levam à grandeza:

Frases que criam imagens negativas (pequenas)	Frases que criam imagens positivas (grandes)
O mercado está saturado...	*Com certeza, há empresas novas que não nos conhecem ainda!*
Sou muito jovem (ou velho) para isso.	*Ser jovem é bom, tem tempo; ser velho é bom, tem experiência!*
As vendas estão muito baixas.	*Vamos pensar em ideias novas para aumentar as vendas!*
O mercado está em crise.	*Há os que choram e os que vendem lenços!*

Quando alguém perguntar: "Como vai?", nunca responda: *"Mal, cansado, duro"* ou *"Com dor de cabeça"*. Sempre diga: *"Bem!"*, *"Ótimo!"*, *"Muito bem!"*. Isso fará você se sentir bem. Imagine-se como um grande vendedor em um belo carro, com muito dinheiro no banco, vendendo contrato de alto valor e ganhando muito dinheiro e isso acontecerá.

Seja seguro e confie em você e em seu produto, não se impressione com o tamanho da empresa ou o cargo do cliente. Faça a oferta alta em tom de voz seguro. Leões não caçam ratos. Só o que separa você do sucesso é sua atitude mental. Lá fora há uma riqueza imensa esperando por você. Desperte o gigante adormecido que está dentro de você, libere seu potencial, sua energia, fazendo tudo com vontade. Dobre seu entusiasmo, e suas vendas e sua felicidade dobrarão!

Capítulo 9
Check-point

1. Existe um programa simples de treinamento para novos vendedores?
2. Os vendedores veteranos já passaram por uma reciclagem nos últimos meses?
3. Existe um treinamento específico para as maiores dificuldades de um vendedor?
4. Seu vendedor é bem informado?
5. Seu vendedor leu mais de dez livros no ano passado?
6. Eles assinam revistas e jornais para se atualizarem?
7. Eles participaram de, pelo menos, três palestras no último ano?
8. Estão fazendo cursos à noite e dando sequência aos estudos?
9. Seu vendedor sabe apresentar o seu produto de forma eficaz e convincente?
10. Seu vendedor sabe responder às dez objeções mais frequentes dos clientes?
11. Seu vendedor sabe fechar vendas?
12. Existem catorze tipos de fechamento diferentes. A equipe conhece todos eles?
13. Já viu ou gravou seus vendedores em ação?
14. O treinamento na sua empresa é diário?
15. Seu vendedor sabe vender sem dar descontos?
16. Você compraria de seu vendedor se fosse cliente?

Capítulo 9 | *Check-point*

Caso tenha respondido sim a essas perguntas, parabéns! Sua equipe está no caminho certo. Mas provavelmente muitas respostas foram negativas e isso mostra a necessidade da implantação de treinamento. Não se desespere! Há solução. Você recebeu um verdadeiro arsenal com informações valiosas, já testadas e de sucesso comprovado para treinamentos de vendedores, desde o que é um treinamento de vendas, e como deve ser, até como conduzi-lo e o que passar para os vendedores.

Agora é só montar o seu próprio programa com flexibilidade e criatividade, adaptando-o da melhor maneira às suas necessidades. Comece imediatamente a colocar em prática o conhecimento visto aqui e veja suas vendas aumentarem!

PARTE 2

Como Dirigir

> **" O profissional que carrega muitas responsabilidades precisa ter momentos de solidão para dar largas a sua imaginação. "**
>
> *Isaac Newton*

Várias vezes observei equipes com vendedores tecnicamente fracos, mas com um bom gerente essas equipes alcançaram resultados bons. Já uma equipe com bons vendedores e um gerente fraco dificilmente consegue bons resultados.

Quanto mais trabalho, mais vejo que o antigo ditado é verdadeiro: *"Um exército de ovelhas liderado por um leão vencerá um exército de leões liderado por uma ovelha"*. A liderança é fundamental para fazer a equipe atingir alta *performance*.

Outro ponto bastante importante é a administração do tempo, já que a maioria dos gerentes diz a todo o momento: *"Não tenho tempo..."*. O líder de vendas deve dedicar 80% de seu tempo a três coisas: treinar, motivar e avaliar seus vendedores. Só assim ele saberá se os vendedores precisam de mais treinamento, mais motivação ou serem substituídos. Os outros 20% do tempo ele deve dedicar a reuniões, responder a *e-mails* e outras burocracias.

Mas o que vemos nas empresas é justamente o contrário. Os supervisores e gerentes passam 80% do seu tempo respondendo a *e-mails*, navegando na internet, conversando em *softwares* de relacionamento e reuniões improdutivas. Daí sobra apenas 20% do tempo para se dedicar à alma de sua equipe. E dizem: *"Estou sem tempo..."*.

Diante dessa nova e polêmica abordagem, penso que o termo "gerente de vendas" deveria ser substituído por "gerente de vendedores", pois hoje os gerentes precisam se preocupar com os vendedores e não com as vendas – elas serão consequência de um bom trabalho de base realizado com os seus vendedores.

Nesta parte, trataremos de aspectos vitais para o sucesso ou fracasso de um gerente de vendas. Não se trata de "receitas de bolo" prontas, mas de relatos, experiências, situações e fatos que aconteceram comigo e com outros colegas, vendedores, gerentes e diretores de vendas. Aprendendo com os erros e acertos de outros profissionais, nós poderemos ganhar tempo e dinheiro.

Capítulo 10
A Zona de Conforto

Era uma vez, um homem em um balão de ar quente, que flutuava calmo e tranquilo, quando, de repente, ele se deu conta de que havia se perdido. Sozinho e apavorado, ele imediatamente começou a tirar o ar do balão para ir descendo. Quando se aproximou da terra firme, avistou um homem caminhando e então imediatamente perguntou:

— *Ei, você aí embaixo, onde eu estou?*

O homem, lá de baixo, respondeu:

— *O senhor está em um balão.*

O viajante no balão ficou sem graça, deu um sorriso amarelo e disse:

— *Ei, você é um vendedor, não é?*

E, curiosamente, tratava-se de um vendedor. Espantado, o homem perguntou:

— *Como é que o senhor sabe que eu sou vendedor?*

O outro retrucou:

— *Simples. Você deu uma informação tecnicamente correta, mas que não serve para nada.*

O homem debaixo ficou chateado por alguns segundos, deu alguns passos, olhou pra cima e perguntou:

— *E o senhor aí em cima é um gerente de vendas, não é?*

E ele era de fato um gerente de vendas, que nas horas vagas tinha como *hobby* voar em balões dirigíveis. Intrigado com a questão, perguntou ao vendedor:

Capítulo 10 | A Zona de Conforto

— Como é que você sabe que eu sou um gerente de vendas?

— É simples: o senhor não sabe onde está, não sabe aonde vai e a primeira coisa que faz é pôr a culpa em um vendedor!

Moral da história: precisamos buscar respostas para nossos erros. Por isso, chega de pôr a culpa nos outros e vamos falar de nós, líderes de vendas. Somos nós, diretores e empresários, os líderes; portanto, o sucesso e o fracasso de nossa equipe de vendas também são nossos. Vamos chamar a responsabilidade para nós em lugar de delegar culpas. Claro que isso é difícil (e muitas vezes doloroso!), mas é o caminho mais seguro e sólido para o sucesso profissional.

Recomendo um filme chamado *Sucesso a qualquer preço*. Possui um elenco de altíssimo nível, com Al Pacino e outras estrelas. Chamo a atenção para uma cena em especial, em que o gerente, interpretado por Alec Baldwin, faz uma reunião com os vendedores ao final do dia. Trata-se de uma equipe fraca e acomodada, em que os vendedores estão na chamada *zona de conforto*. O gerente domina a situação com pulso firme e quebra a zona de conforto mexendo com o brio dos vendedores, deixando claro que eles terão uma semana para recuperar as vendas ou estarão no olho da rua. Eles também concorreriam a uma premiação: o primeiro lugar em vendas ganharia um Cadillac Eldorado, o segundo, um jogo de facas e o terceiro, **rua**!

A cena não precisa ser seguida à risca, afinal cada equipe e cada empresa têm suas particularidades e sua própria cultura, mas a mensagem da reunião deve ficar clara para todos. A regra é "use o bom senso".

A zona de conforto é aquele momento ou período em que tanto faz se o vendedor vender ou não, pois qualquer resultado será aceito. Nesse estágio, é comum os vendedores apresentarem alguns dos **quatro** sintomas a seguir:

◇ **Encontrar desculpas para os fracassos** – colocando a culpa no concorrente, no mercado, no governo, na crise, no outro vendedor ou no sistema de vendas da empresa. O culpado é sempre o outro ou algum fato e nunca ele: o "pobre e injustiçado vendedor". Recebo centenas de *e-mails* todos os dias. Entre eles, muitos são de vendedores se queixando dos baixos re-

Como Formar, Treinar e Dirigir Equipes de Vendas

sultados em vendas e descarregando a culpa na empresa ou em algum outro fator que citei acima. Pergunto: *"Qual foi o último livro sobre vendas que você leu? Quando foi o último curso de aperfeiçoamento profissional de que você participou?"*. As respostas quase nunca retornam e as poucas que retornam são evasivas. Agora, tenho certeza de que eles saberão responder se eu perguntar: *"Quem foi o vencedor do último 'Reality Show'? O que aconteceu na novela ontem? Como foi a rodada de jogos do último fim de semana?"*. Ou seja, sobre outros assuntos, menos importantes, eles estão atualizados, mas pouco ou nada sabem sobre vendas. Pergunto: *"Será que o vendedor, neste caso, não tem culpa nenhuma?"*.

✧ **Chegar com frequência atrasado ao trabalho** – isso é um indício muito forte de que a motivação está baixa. E se isso for verdade, esse vendedor está travando verdadeiras batalhas com o cobertor de manhã, e, provavelmente, o cobertor está ganhando algumas delas. Imprevistos e atrasos acontecem e ninguém está livre deles, o problema é quando a exceção acaba virando regra.

✧ **Não acompanhar a meta de vendas diariamente** – um vendedor que não sabe o quanto vendeu até o presente momento e o quanto ainda precisa vender para cobrir a cota, não está comprometido com as vendas e com a empresa. É um sinal de que tanto faz se irá vender ou não. Ele até quer vender e ganhar mais dinheiro, mas não faz nada para que isso acon-teça e aceita passivamente os resultados.

✧ **Mostrar-se apático** – a falta de entusiasmo, de brilho nos olhos e de alegria, quando se apresenta ao vendedor um prêmio, uma campanha de vendas, um novo treinamento, é um forte sintoma de que ele está na zona de conforto e que não está disposto a nenhum esforço adicional. Mesmo que esse esforço represente uma possibilidade de ganho maior. É como aquela pessoa que está com fome e você dá a ela uma porção de arroz e feijão crus e ela prefere continuar com fome em lugar de ter de preparar a refeição.

Ao ler os quatro sintomas, você lembrou de algum membro de sua equipe de vendas? Se a resposta for positiva, comece a se preocupar, pois certamente você está perdendo dinheiro todos os dias. Estou convencido de que muitos vendedores estão na *zona de conforto* e por isso vendem muito menos do que realmente poderiam vender. Para atingir um estado de alta *performance* em vendas, não podemos ter vendedores acomodados. É preciso quebrar a casca do ovo.

E como eliminar a zona de conforto em vendas?

O primeiro passo é enxergar e acreditar que existe uma zona de conforto. Tenho visto em minhas palestras sobre vendas e motivação que muitos gerentes e até donos de empresa, de tanto ouvirem desculpas e conviverem com vendedores acomodados, perdem a visão e não enxergam a situação de fora. Acabam acreditando nessas lamentações e também começam a se queixar, pondo a culpa na crise, no governo, e na concorrência que baixa o preço.

Portanto, não se deixe influenciar pelo negativismo e mantenha a cabeça fora d'água enquanto nada. Sei que as coisas não estão fáceis para as empresas e a competitividade está muito grande, mas existe uma grande diferença entre reconhecer o problema buscando soluções e reconhecer o problema afundando-se com ele.

O segundo passo é identificar as causas da desmotivação e da zona de conforto. Elas podem estar em: treinamento, liderança, sistemas de motivação, remuneração, contratação e gestão. Por isso, recomendo que leia este livro até o final e o carregue consigo durante toda sua carreira como líder de vendas, pois muitas respostas e soluções para todos esses problemas encontram-se no decorrer dos capítulos, basta ficar atento aos detalhes, não ter pressa de acabar de ler o livro e refletir sobre cada situação, ter humildade para reconhecer os pontos a serem melhorados e atitude para colocar em prática as novas ações.

Capítulo 11

A Pressão em Vendas

A palavra pressão traz consigo um significado ruim e é entendida como algo negativo nas empresas. Mas não há apenas a forma negativa de pressão, baseada na bronca e na ameaça! Existem sim formas de se pressionar vendedores a atingir alta *performance* positivamente, com base no elogio, no incentivo, na alegria, na comemoração e no exemplo.

Não confunda o fato de exercer pressão positiva sobre sua equipe com ser um gerente "banana". Você pode motivar, elogiar e incentivar, sendo ao mesmo tempo justo e firme. Este é o desafio!

Quando tudo está muito calmo, muito tranquilo, é sinal de que as vendas não estão tão boas como poderiam, não estão progredindo como deveriam estar. Todo ser humano entra na zona de conforto de vez em quando (os vendedores também) e é papel do gerente tirá-lo de lá e motivar a equipe rumo ao pódio.

Você pode dizer para a equipe: *"Não sei o que vocês irão fazer, mas no final do dia eu quero contratos aqui, senão não precisam voltar".* Isto é ser firme e você pode também emendar a frase e dizer: *"Conheço o potencial de vocês e sei que são melhores do que imaginam, sei que podem vender mais do que venderam ontem, contem comigo se precisarem. Boas vendas e bom trabalho a todos!".* E você verá as vendas surgirem.

O ser humano tem uma capacidade extraordinária de produzir na adversidade e de superar-se. Dê uma olhada na história

Capítulo 11 | A Pressão em Vendas

dos esportes: ano após ano um novo recorde é estabelecido e, como consequência, um recorde foi superado – é o ser humano testando seus limites.

Para aqueles que se queixam de estar trabalhando em um ambiente de muita pressão, explique a eles que é melhor se adaptarem e serem felizes com ela, porque, daqui a dez anos, a quantidade de concorrentes será maior, o tempo disponível para treinamento provavelmente será cada vez mais escasso e, como consequência, a pressão aumentará.

Uma dica que vale muito: cobre de sua equipe, sempre que possível, o trabalho duro e as entrevistas de vendas. Não cobre vendas, pois estas só acontecerão se as entrevistas acontecerem. Para vendedores e representantes externos, diga: *"Pessoal, quero quatro entrevistas* hoje e não vamos abrir mão disso, certo?"*. Para vendedores internos (*telemarketing*): *"Pessoal, quero quinze entrevistas hoje e não vamos abrir mão disso, certo?"*. Veja que você não estará cobrando quatro ou quinze vendas, mas apenas entrevistas com entusiasmo e vontade – e isso é o mínimo que se pode esperar de um vendedor. São apenas exemplos e os números podem variar de uma empresa para outra, mas posso garantir que essa dica é poderosa!

---

*Entrevista de vendas é o nome que se dá à conversa do vendedor com o cliente que tem o poder de decisão, poder de compra.

Capítulo 12

Como Deve Ser uma Verdadeira Preleção de Vendas pela Manhã?

Preleção é um termo muito usado no futebol, em que é comum o técnico dizer: *"Amanhã farei uma preleção para sermos..."; "Na preleção antes do jogo o técnico mexeu com o nosso brio e..."*. Uma preleção é o mesmo que uma palestra, ou seja, falar sobre um tema específico, com foco, força e energia. E para se fazer uma boa preleção são necessários três elementos fundamentais: preparar-se com antecedência, dominar o assunto e falar com entusiasmo.

1. **Preparar-se com antecedência.** Tão importante quanto o tema que iremos desenvolver é sua preparação em detalhes. O gerente de vendas deve, com certa antecedência, elaborar em detalhes sua apresentação, construindo assim um discurso forte e convincente.

   Quando estamos preparando a preleção de vendas, atenção especial deverá ser dada ao início, que deverá conter um tema ou uma frase forte para prender a atenção dos vendedores de imediato. Por exemplo, em vez de iniciar a preleção dizendo: *"Hoje vamos falar sobre prospecção de novos clientes"*, diga: *"Hoje vamos falar sobre uma fortuna que está lá fora a nossa espera"*. Pode ter certeza de que isso faz uma grande diferença.

   Outro ponto muito importante é o fechamento. Precisamos de um fechamento poderoso, forte e marcante, que fi-

48

Capítulo 12 | Como Deve Ser uma Verdadeira Preleção de Vendas pela Manhã?

que gravado o máximo de tempo possível na cabeça dos vendedores. Eu tive um gerente com preleções que não eram das melhores, mas suas mensagens finais eram de arrepiar e faziam a gente sair vendendo feito loucos.

Use seu coração e sinceridade, deixe transparecer a emoção e olhe firme nos olhos do seu pessoal no final da preleção. Só assim conseguiremos contagiá-los positivamente rumo à vitória.

Dica importante: gritos de guerra são bastante eficazes no encerramento de preleções. Em uma empresa que trabalhei como gerente de vendas, adquirimos o hábito de encerrar as preleções com um grito de guerra que fazia o prédio tremer. Quando eu estava para terminar, pedia que todos os vendedores se levantassem, fechassem as mãos (ou dessem as mãos uns aos outros, dependendo da ocasião). Pedia que eles imaginassem o quanto queriam vender naquele dia, enchessem os pulmões e, ao meu sinal, todos gritavam bem alto, três vezes:

"Eu quero, eu posso e ninguém me segura!"
"Eu quero, eu posso e ninguém me segura!"
"Eu quero, eu posso e ninguém me segura!"

E encerrava com a frase: *"Vamos lá pessoal, contem comigo!"*. Posso garantir que uma energia boa invadia o ambiente, e a autoconfiança da equipe ia às alturas.

Outra sugestão que dá resultados: no início das preleções, ao sinal de um dos diretores, todos os vendedores, com os punhos cerrados, gritavam em coro o nome da empresa. Ficava no ar energia, vibração e garra demonstradas pela equipe. Faça o mesmo em sua empresa. Não importa se no início ou no final da preleção, se será uma frase motivacional ou simplesmente o nome da empresa. Puxe um grito de guerra e sinta a força do entusiasmo invadir o ambiente de vendas.

2. **Dominar o assunto.** Precisamos falar com propriedade e domínio de causa para ganhar credibilidade perante o grupo. Cerque-se de relatórios, dados, pesquisas e fatos. Quanto mais informação você tiver, melhor será sua fala. Os vende-

dores não são bobos e percebem quando a mensagem é vazia e sem conteúdo. Quando não estamos seguros do que iremos abordar na preleção, o melhor a fazer é adiá-la para outro dia, assim não desperdiçaremos o precioso tempo dos vendedores com bobagens.

3. **Falar com entusiasmo.** Muitos gerentes erram nesse terceiro ponto estratégico da preleção de vendas. Eles agem como se estivessem em uma reunião normal, apenas comunicando fatos. Não podemos esquecer que os vendedores precisam ser motivados constantemente e o responsável por isso é o gerente de vendas. Costumo dizer em minhas palestras que, se o líder sentar, o grupo deita... E, para esquentar alguém, precisamos estar fervendo!

Vale tudo para motivar o pessoal: músicas, bexigas, brincadeiras, piadas, gritos de guerra, desafios, brindes e novidades. (Até um puxão de orelhas, às vezes, é necessário. Embora, na maioria dos casos, isso é mais adequado no final do dia, como veremos no próximo capítulo.)

Um dos principais objetivos da preleção de vendas é colocar todos os vendedores no mesmo nível e aquecer a equipe para o dia de trabalho. Reflita sobre o fato de que nem todos os seus vendedores tiveram uma boa noite de sono ou acordaram dispostos a vender e isso não é nenhum pecado; afinal, o ser humano vive momentos de altos e baixos, mas vendedores apáticos certamente não trarão bons resultados no final do dia.

Quando assisto a jogos de futebol, gosto de observar os jogadores se unindo e transmitindo positivismo uns aos outros nas escadas que antecedem o gramado. Essa é uma forma de colocar todos no mesmo nível de energia e se "aquecerem" mentalmente para o desafio. Não abra mão do direito de fazer preleções – esse é um dos momentos mais importantes do dia e pode fazer toda a diferença entre o fracasso e o sucesso do dia de vendas que está apenas começando.

Capítulo 13

Como Deve Ser uma Reunião de Vendas no Final do Dia?

Em primeiro lugar, fazer reunião no final de **todos** os dias é matar, é acabar com os soldados que sobreviveram após um dia de batalha! Coloque-se no lugar deles. São 7 horas da noite e diga se gostaria de participar de uma reunião de vendas após um dia ensolarado em um país tropical como o nosso? Nesse horário, a única coisa que o vendedor pensa é em um bom banho e descansar. Penso que as reuniões no final do dia devem ser evitadas ao máximo, pois geralmente são pouco produtivas e mais chateiam do que ajudam.

Outro fator que me faz evitar, ao máximo, reuniões nos finais do expediente é pensar que precisamos ter em nossas equipes profissionais atualizados e preparados. E é justamente à noite que eles têm espaço para se atualizarem, frequentando algum curso ou mesmo uma universidade. Se você, fazendo reuniões todos os dias, tirar o direito de eles estudarem à noite, nunca terá os melhores profissionais em sua equipe. Porém, em momentos de campanha de vendas, se faz necessário uma reunião nesse período.

Um dos papéis fundamentais de um gerente de vendas é fazer uma boa preleção pela manhã, motivando seus vendedores a estourarem de vender. Porém, também é papel do líder de vendas chamar a atenção, impor limites, regras, corrigir e avaliar os vendedores. Essa segunda função do líder, que naturalmente é menos agradável do que a primeira, eu recomendo enfaticamente que seja feita na reunião de final de expediente. Isso não é por acaso, existe uma razão lógica: após chamarmos a atenção de um vendedor, ele passará por três fases. A primeira é a de **contestação e não aceitação**, em que ele fará cara feia e debaterá com seu gerente. A segunda é a de **reflexão**, quando, por mais durão que ele seja, irá avaliar e refletir sobre a situação. A terceira é a de **aceitação ou não**, fase esta em que ele voltará às atividades, tendo aceitado ou não as críticas recebidas.

Prefiro que um vendedor vá para casa, triste e reflexivo, pense no assunto, descanse e no dia seguinte esteja inteiro para trabalhar a fazê-lo refletir durante o dia de trabalho, enquanto estiver visitando ou telefonando para clientes. E, muitas vezes, uma boa noite de sono é suficiente para colocar as coisas no lugar.

Imagine a seguinte situação: um gerente inexperiente reúne seu pessoal pela manhã e dá uma grande bronca em todos, pressiona-os a atingir a meta do dia e ainda ameaça demitir alguns no final do mês. Responda sinceramente: com que ânimo esses vendedores falarão com seus clientes durante o dia? O que passará na cabeça deles?

Atenção especial deve ser dada também quanto à duração da reunião. Isso vale para todas as reuniões, mas especialmente para a reunião de fim de dia isso é importantíssimo. Prepare a pauta com antecedência, contendo início, meio e fim da reunião. Seja breve e objetivo, terminando no horário previamente combinado com os vendedores.

Você pode também dispensar os vendedores após o término da reunião desejando-lhes um bom descanso e dizer que aqueles que quiserem continuar a conversa podem ficar, mas daí em diante a conversa já flui em um tom mais informal, com as gravatas abertas e as mangas das camisas dobradas. E, conforme tratamos no capítulo anterior, prepara-se para dar aquela injeção de ânimo no dia seguinte.

Capítulo 14

Como Fazer nossa Equipe Atingir Objetivos e Metas

A primeira coisa a fazer é definir claramente os objetivos e metas a serem alcançados. Por quê? Pensamento gera sentimento, que gera comportamento, que gera resultado.

Pensamento ➥ Sentimento ➥ Comportamento ➥ Resultado

Se o vendedor não tiver uma meta clara e definida, não vai alcançar seu objetivo. É como se você entrasse em um elevador, o ascensorista perguntasse o andar e você respondesse: *"Tanto faz, não sei aonde estou indo mesmo"*. Não adianta! Se seu vendedor não sabe aonde precisa ir, ou não vai conseguir chegar ou irá para o lugar errado.

Se tiver um pensamento bom, o sentimento será bom, o comportamento será bom e, como consequência, o resultado será bom. O contrário também é verdadeiro. O vendedor com pensamento, sentimento e comportamento ruins, terá resultado ruim. Temos de compartilhar com os vendedores as metas definidas, deixar claros os objetivos e os prêmios que ganharão se superarem a meta e também quais serão as consequências se não atingirem as metas.

É fundamental que os vendedores tenham as metas, por mais simples que sejam, no papel ou em um pequeno quadro de avisos. Pode parecer óbvio, mas cerca de 30% das empresas não têm metas claras e definidas e 20% delas (mesmo tendo uma meta clara) não informam a sua equipe. Ou, dizendo de outra forma, apenas metade das empresas trabalha essa questão corretamente e se beneficia com isso.

Compare estes dois casos reais sobre metas de vendas e imagine qual deles tem o melhor resultado. O primeiro aconteceu durante uma palestra que ministrei em uma cidade do Estado de São Paulo. Perguntei ao presidente da empresa qual era a meta para que pudesse fazer uma simulação com os vendedores. Ele não forneceu esse dado, explicando que os vendedores nunca souberam a meta da empresa e não deveriam saber, porque senão imaginariam que a empresa estava ganhando muito dinheiro à custa deles. O outro caso aconteceu em Atlanta, EUA. Visitei uma empresa do ramo de telecomunicações que estava situada em um prédio de cinco andares. Eles foram ousados e colocaram painéis eletrônicos com os dados de vendas na saída dos elevadores, nos cinco andares, bem de frente. Os painéis mostravam o *ranking* de vendas que, entre outras coisas, apontava a meta da empresa, quanto haviam vendido até o momento e quanto faltava para atingir a meta. Tinha um bonequinho engraçado que, quando estava sorrindo, era sinal de que a meta estava superada naquele momento. Mas se ele estivesse com a carinha triste era sinal de que estavam atrás da meta e pedia a todos que se empenhassem mais para fazê-lo voltar a sorrir.

Capítulo 15

O *Case* Magazine Luiza

Tive o privilégio de conhecer pessoalmente e estar com a senhora Luiza Helena Trajano, superintendente do Magazine Luiza, uma das maiores redes de eletroeletrônicos do país. Um dos segredos (na verdade não é segredo nenhum, pois já saiu em várias reportagens) dessa empresa para bater recordes de vendas e crescimento todos os anos é promover, de tempos em tempos, uma convenção, que ela chama carinhosamente de "encontrão".

Durante o evento ela mostra e define, entre outras coisas, as metas para todos os funcionários. Em uma ocasião a meta era R$ 1 bilhão; para mostrar isso, tinha *banners*, faixas, hino do bilhão, grito de guerra e muito mais. Por meio de um discurso eloquente, todos ficaram sabendo qual era a meta da empresa e cada um se comprometeu a fazer a sua parte, pois só assim a meta seria cumprida.

Como se não bastasse, no final da reunião, Luiza conversava com as pessoas e, olho no olho, perguntava: "*Posso contar com você?*". O resultado daquela campanha foi arrasador. A empresa não só atingiu a meta proposta como também superou as vendas, atingindo um recorde histórico.

Capítulo 16

Como Motivar Vendedores sem Usar Dinheiro

Engana-se quem pensa que dinheiro é a única coisa que motiva vendedores e representantes. Após estudos, pesquisas e conversas com profissionais bem-sucedidos em vendas, cheguei à conclusão que existem outros fatores que também motivam (igual ou até mais do que o dinheiro).* Tudo dependerá do momento e da forma como são utilizados.

Fator 1
Competição

Quando se deseja atingir altos resultados e ganhar muito dinheiro e fama, o fator competição é muito importante. Podemos fazer uma analogia com cavalos de corrida. Um cavalo de corrida nunca dá o máximo de si quando está correndo sozinho na raia, mas se você coloca outro cavalo ao lado dele para competir, verá que ele dá o máximo. Assim são os bons vendedores: movidos a disputas. Em uma rotina de vendas, nós precisamos ter disputas, campeonatos, competições. Isso elevará os ânimos dos vendedores a um outro nível.

---

*Sugerimos o vídeo *Como motivar vendedores sem dinheiro*, editado pela COMMIT (visite o site www.commit.com.br).

Capítulo 16 | Como Motivar Vendedores sem Usar Dinheiro

Uma competição sempre acirrada é a que ocorre entre homens e mulheres, provocando-os para saber quem eram os melhores vendedores. Para acirrar ainda mais a disputa, uma vez minha equipe teve a ideia de fantasiar as mulheres de índias e os homens de *cowboys*. Lembro-me como se fosse ontem, nunca os vi tão entusiasmados e motivados a vencer, pareciam um bando de crianças com um novo brinquedo em mãos! E estamos falando de senhores e senhoras, pessoas maduras, alguns com idade para serem meus pais. Para encurtar a história, a empresa atingiu recorde de vendas no período e os vendedores ganharam dinheiro como nunca haviam ganho antes! Todos ficaram felizes. E qual foi o investimento financeiro realizado para isso? Zero! O que os motivou foi o prazer de vencer.

Situação semelhante pude observar na South West Airlines, contada no livro *Nuts*. A South West Airlines, companhia aérea americana, estava disputando um trecho aéreo com sua concorrente, a United Airlines. Os dirigentes da empresa prepararam uma campanha de vendas bem ao estilo South West de ser (bem-humorado!). As funcionárias se fantasiaram de soldadas para disputar uma guerra contra a concorrente. O resultado foi que, com o espírito competitivo e arrojado, elas aniquilaram a concorrência em poucos meses.

Talvez sua empresa tenha um estilo mais discreto e formal. Sem problemas. Basta ser mais discreto e usar a criatividade para implantar alguma competição que combine com a cultura de sua empresa.

O que motiva um campeão de Fórmula 1 a correr? É o dinheiro? Tenho minhas dúvidas, aposto muito mais no prazer de ganhar, na sensação da vitória. O sabor da vitória tem um gosto especial para os bons vendedores. Sabendo disso, mãos à obra!

Ideia para vender mais: promova uma competição de Fórmula 1 com sua equipe. Faça uma pista de corrida e coloque pequenos carrinhos com os nomes dos vendedores *ou das equipes*! E a cada venda que finalizarem, progressivamente, irão se aproximando da linha de chegada. Mas, lembre-se: o que garantirá o sucesso é o estímulo saudável e constante da competição.

Fator 2
Comemoração

É preciso comemorar cada resultado, cada venda, por menor que seja. O fator comemoração é muito importante e, infelizmente, muitas empresas não descobriram isso. A comemoração é o alimento da alma do profissional de vendas. Há empresas mais agressivas, por exemplo, que usam buzinas para comemorar, que usam sinos ou outras coisas – o vendedor vendeu, vai lá e buzina, comemorando com alegria. Outras têm um estilo mais discreto, comemoram batendo palmas ou tocando uma música.

Independentemente da forma, é preciso comemorar, pois o clima "alegre" é favorável aos negócios. Não deixe a venda passar em branco! A venda é o grande momento para o vendedor, assim como o gol é o grande momento do futebol. Você já viu um jogador marcar um gol e voltar para o seu campo sem comemorar? Então, por que os vendedores fecham negócio e não comemoram? Provavelmente porque a empresa não estimula e desconhece a força do entusiasmo nas vendas. Quando se comemora a venda, estamos estimulando a sinergia e liberando o bom humor, que é tão importante para estimular mais e mais vendas.

Fator 3
Ambiente

O ambiente é decisivo. Um clima negativo afasta as vendas e um clima positivo atrai e favorece as vendas. A empresa pode ter os melhores produtos do mercado com o menor preço, se a equipe de vendas estiver desmotivada, não venderá nada. E sua empresa pode ter um produto que não seja o melhor e com um preço que não seja o mais barato, mas se os vendedores estiverem motivados a empresa venderá e dará um *show*!

Por isso é preciso fazer uma blindagem na sua equipe de vendas contra crises, fofocas e comentários negativos. Se os vendedores acreditarem que existe crise, tudo irá por água abaixo, porque, com crise, desculpa-se a falta de vendas. Um departamento de vendas, uma sala de vendas, uma central de vendas, um

Capítulo 16 | Como Motivar Vendedores sem Usar Dinheiro

salão de vendas (não importa o nome nem o tamanho) deve ser um ambiente sagrado, onde o positivismo deve imperar.

Cabe ao gerente a responsabilidade e o trabalho de formar o ambiente que seja favorável às vendas. Portanto, **proíba** palavras e frases negativas como: *"crise"*, *"está difícil"*, *"não vou conseguir"*, *"hoje não é um dia bom para as vendas"*, *"amanhã é feriado"*... Ou: *"essa época não é boa para as vendas"*, *"está tudo parado"*, *"fulano também não está vendendo nada"* e *"estou cansado"*. Frases como estas têm o poder de desmotivar e contaminar toda a equipe. Saiba que um elogio, uma frase positiva não consegue motivar três pessoas, mas uma crítica e uma frase negativa conseguem desmotivar cem pessoas!

Quando eu gerenciava uma equipe de vendas, há alguns anos, coloquei uma faixa na porta de entrada, com os dizeres: ***"Aqui é proibida a entrada de crise, de fofocas e de pessoas negativas. Aqui é lugar de gente positiva que quer vender e ganhar dinheiro".*** Faça o mesmo com sua equipe de vendas, porque, uma coisa é certa, se sua equipe estiver contaminada pela crise, você está perdendo muito dinheiro. Precisamos blindar, implantar o positivismo, a fé e a esperança. Afaste os pessimistas e demita os negativos *(abordaremos este assunto no capítulo sobre avaliação de vendedores)*, porque o vendedor do tipo *"Ó vida, ó azar!"* contamina toda a empresa e põe tudo a perder.

Eu sempre brinco com meus clientes perguntando: *"Quer aumentar as vendas em 10%? Demita os negativos e as vendas subirão automaticamente. Quer aumentar as vendas em 20%? Demita os negativos e escreva uma carta de recomendação ao concorrente. Assim, suas vendas aumentam e as do concorrente caem".*

Precisamos de vendedores motivados e positivos que ajudem os colegas a vender com palavras de otimismo e incentivos: *"Vamos lá!"*, *"Hoje vamos estourar de vender!"*, *"Não esquenta, vai dar tudo certo"*, como uma grande e boa família, e não palavras de desânimo, do tipo *"Ih, esse cliente... Ninguém consegue vender pra ele"*, *"Ih, esse cliente é um grosso"*, *"Ih, já estamos no dia 19 e eu não vendi nada até agora, este mês está difícil...".*

Resumindo: o ambiente positivo ou negativo é decisivo e influencia os resultados das vendas. Então, mãos à obra! Vamos à blindagem e rumo ao sucesso!

Fator 4

Querer

Quanto mais empresas e vendedores conheço no meu dia a dia, mais me convenço de que técnicas de vendas e estratégias são importantes, mas sozinhas não garantem o sucesso. O fator de desequilíbrio é o que chamo de fator **"querer"**. É preciso garra, paixão, determinação, fé, enfim, é preciso **querer**. Aqui entra em jogo uma das tarefas mais difíceis de um gerente de vendas, que é motivar os seus homens, ou seja, fazê-los **querer**.

Você precisa saber o que os membros de sua equipe mais desejam e ajudá-los a atingir seus objetivos. Por exemplo, em certa ocasião, em uma das rotineiras avaliações mensais que eu fazia com meus vendedores, resolvi abordar essa questão e pedi que escrevessem em um pedaço de papel qual o objetivo deles para aquele ano, ou seja, o que eles realmente queriam que ocorresse para fazê-los felizes. Tive uma grande surpresa quando li que um dos meus vendedores queria andar de avião, pois ele nunca tinha entrado em um antes. Montamos um plano de vendas e combinamos que, se ele vendesse X por mês até o final do ano, ele estaria levantando voo. Durante o ano ele teve momentos de altos e baixos, como todos nós, e era nos momentos difíceis que eu entrava em cena e, com a foto de um avião, lhe lembrava o seu sonho. Isso o motivou de tal forma que ele atingiu os mais altos índices de vendas de sua carreira e terminou o ano nada menos que em segundo lugar de um total de 53 vendedores!

Se você não sabe o que seus vendedores desejam, está perdendo uma oportunidade única de motivá-los. O líder habilidoso lançará mão desses objetivos para animar e motivar seu vendedor até mesmo nos momentos mais difíceis. Um dos exemplos sobre esse fator é o *case* Avon, que veremos no capítulo 17.

Fator 5

Reconhecimento

É muito importante reconhecer o bom trabalho quando ele é feito. Os vendedores são carentes de elogios e precisam ser reconhecidos sempre que fazem boas vendas.

Capítulo 16 | Como Motivar Vendedores sem Usar Dinheiro

Certa vez eu transitava no RH de uma grande empresa, quando encontrei um ótimo vendedor esperando para ser atendido. Imediatamente perguntei a ele:

— *O que faz aqui, algum problema?*
Ele respondeu:
— *Estou pedindo demissão.*
— *Mas por quê? Você sempre vendeu tão bem!*
— *Pois é. Sempre me esforcei para ser um dos melhores vendedores e nestes dois últimos anos nunca fui reconhecido, nunca recebi um único elogio, nunca recebi sequer parabéns do meu gerente! Cansei e vou trabalhar em algum lugar em que me sinta útil.*

O que faltou a esse vendedor foi apenas reconhecimento, pois em momento algum ele se queixou de prêmios, comissão ou ganhos. Os elogios e reconhecimentos devem merecer atenção especial por parte dos gerentes, porque são fundamentais para o bom andamento das vendas e, principalmente, são vitais para os melhores vendedores. As estrelas querem ser vistas!

O reconhecimento pode ser feito de diversas formas, como um simples elogio, um *e-mail* parabenizando as boas vendas do dia anterior, uma menção seguida de uma salva de palmas na reunião matinal. Prêmios das mais variadas formas também podem ser uma maneira de reconhecimento ao bom vendedor e, se bem explorados, podem ser também fortes motivadores. (Leia, no próximo capítulo, sobre as diferentes formas de premiação.)

Capítulo 17

O *Case* Avon

Segundo a revista *Cláudia*, da Editora Abril, edição de n. 537, a Avon tem o maior quadro de vendas do mundo, com quatro milhões de vendedoras informais. Só no Brasil são mais de novecentas mil vendedoras. E a empresa consegue motivar suas vendedoras com o mesmo carinho, cuidado e atenção, como se tivesse apenas meia dúzia delas.

Quando uma vendedora entra na Avon, o gerente de vendas deve perguntar a ela: *"Qual é o seu sonho? O que você gostaria de realizar que lhe faria feliz?"*. O sonho delas pode ser, por exemplo, uma máquina de lavar roupas, um micro-ondas para presentear a mãe, comprar um carro, a casa própria ou fazer uma faculdade. Os motivos são os mais variados possíveis.

O gerente pega uma calculadora e junto com ela faz algumas contas, explicando: *"Se você vender X quantidade de kits da Avon, você vai poder realizar seu sonho em Y meses"*. Os olhos delas brilham e pode ter certeza de que ela se empenhará ao máximo para vender, porque a empresa não está lhe pagando salários, mas sim a realização de seus sonhos.

Os gerentes de vendas, diretores e empresários precisam saber qual é o sonho de seus vendedores, porque os vendedores não trabalham para a empresa, mas sim para suprir necessidades e sonhos pessoais. E se você sabe disso e consegue usar essa informação de forma positiva, todos sairão ganhando e felizes. Precisamos manter o sonho vivo na mente de nossos vendedores, porque eles são uma força motivadora importante.

Capítulo 18

Novas Ideias para Reconhecimento e Premiação de Vendedores

Uma dúvida muito comum que paira entre os gerentes de vendas é qual prêmio atribuir aos vendedores. Dinheiro é bom e vital para todos, mas, em alguns casos, nem sempre é o melhor prêmio a ser oferecido. Quando se usa somente dinheiro como fonte de premiação, criam-se dois problemas: você precisará de uma quantia cada vez maior para motivar os vendedores e também deixará de explorar a criatividade e o elemento surpresa que outros prêmios poderão propiciar.

Quando temos um vendedor muito endividado, do tipo que está até sem dinheiro para almoçar, o dinheiro pode ser uma boa motivação. Mas se o caso não é tão crítico, o ideal é variar o pagamento em dinheiro com algumas outras formas de prêmio.*

Veja, a seguir, ideias para motivar, premiar e reconhecer vendedores:

◇ uma vaga no estacionamento da empresa por trinta dias;
◇ ir para casa um dia com o carro do presidente;
◇ ser servido pelo presidente no jantar de confraternização;
◇ um jantar com direito a acompanhante em um bom restaurante;
◇ um aparelho de DVD;

---

*Os livros *1001 Ways to Reward Employees* e *1001 Ways to Energize Employees*, de Bob Nelson, são uma boa fonte de inspiração para motivar o pessoal de vendas.

- um computador;
- um eletrodoméstico;
- uma quantia em dinheiro;
- uma aventura radical, do tipo rapel;
- o vendedor escolhe o que deseja ganhar até determinado valor;
- a assinatura de uma revista;
- um livro;
- a participação em um seminário, palestra ou congresso;
- troféus e medalhas;
- a foto do vendedor do mês no *outdoor* da cidade (*case* Magazine Luiza);
- homenagem em um anúncio de jornal;
- um corredor onde todos aplaudam o campeão;
- um dia ou tarde de folga;
- uma emenda de feriado;
- um vale-compra para livre escolha do presente;
- um passeio de helicóptero;
- ingressos para um *show*;
- um passeio de limusine pela cidade;
- um prêmio de alto valor como carro ou moto;
- inscrição em um curso para liderança de vendas;
- um relógio personalizado;
- um *kit* com queijo e vinho no inverno;
- uma caixa de bombons etc.

Capítulo 19

Como Fazer uma Campanha de Vendas com os Cinco Fatores

O que é e para que serve uma campanha de vendas? Campanha de vendas é um evento que busca envolver ao máximo os participantes (vendedores, no nosso caso) com um objetivo bem definido, que geralmente é alcançar um determinado resultado de vendas em um ou mais produtos/serviços da empresa. É a mobilização de todos os vendedores para atingir um objetivo em determinado período.

O principal objetivo de uma campanha de vendas é promover a sinergia no grupo e fazer com que eles atinjam uma alta *performance* em vendas, com resultados acima da média. Resultados que, se os vendedores estivessem trabalhando em condições normais, jamais atingiriam.

Todas as empresas, independentemente de seu tamanho, precisam, podem e devem trabalhar com campanhas de vendas. Notamos que muitos empresários, diretores e gerentes de vendas desconhecem a importância de uma campanha de vendas. Ao contrário do que muitos pensam, fazer uma campanha de vendas não é, simplesmente, baixar os preços com uma promoção relâmpago ou algo do gênero.

Nesse caso, na verdade, não precisamos nos preocupar, nem "perder" tempo com o planejamento de campanhas de vendas, porque o objetivo, além de ter um horizonte de curto prazo (restringe-se a uma semana ou um mês), é muito modesto por visar apenas ao aproveitamento de eventuais oportunidades de momento, dando continuidade à *performance* atual de vendas, em vez de buscar um crescimento diferenciado e sustentado da receita. Portanto, não confunda, *campanha de vendas* é uma coisa e *promoção de vendas* é outra bem diferente.

No entanto, se os objetivos são naturalmente mais ambiciosos, se perseguimos o crescimento e desenvolvimento da empresa e se queremos posicioná-la como líder no seu segmento de mercado, torna-se imprescindível investir tempo, conhecimento e criatividade na construção de campanhas de vendas, possibilitando atingir as mais altas performances de resultados, a médio e longo prazo (6 a 12 meses). Devem ser fixadas metas arrojadas, que atendam aos objetivos estabelecidos previamente no planejamento estratégico, definindo políticas, montando estratégias, mobilizando, envolvendo e comprometendo toda a empresa, especialmente a área de vendas. As campanhas de vendas devem preservar sempre os valores, a missão e a visão da empresa.

As campanhas de vendas devem atender a um objetivo principal, previamente definido e estudado pela empresa e podem ter durações distintas, por exemplo:

- ✧ **diária** – com pequena premiação para o melhor vendedor do dia;
- ✧ **semanal** – premiando o melhor vendedor da semana;
- ✧ **quinzenal** – premiando o melhor vendedor de duas semanas;
- ✧ **mensal** – esta é bastante usada, na qual é premiado o campeão do mês;
- ✧ **semestral** – considerada uma campanha de médio prazo, pode ser trabalhada em conjunto com outras campanhas;
- ✧ **anual** – também muito usada por grandes companhias e, assim como a anterior, pode ser trabalhada em paralelo com outras campanhas.

Para aquecer ainda mais a disputa e as vendas, você pode formar times de diferentes tamanhos e formatos. Independentemente do tempo de duração das campanhas, elas podem ser:

- ✧ **individuais** – um vendedor disputando com outro, vencendo o melhor vendedor do período;
- ✧ **duplas** – promove-se a disputa de uma dupla de vendedores com outras duplas e a melhor dupla do período vencerá;
- ✧ **grupos** – dividem-se os vendedores em grupos de 5, 6 ou 7 participantes, estipulando um prêmio para o grupo vencedor do período. Com esse modelo normalmente as disputas tornam-se muito acirradas, deixando a competição bastante proveitosa.

Capítulo 19 | Como Fazer uma Campanha de Vendas com os Cincos Fatores

Com essas opções é possível montar um leque de campanhas, de diferentes formas e modelos, que mexem com o brio da equipe e conquistam novos negócios. As possibilidades de combinação são muitas e só dependem de criatividade e vontade. Com esse sistema a empresa só cai na rotina e no marasmo se quiser! Se tudo sair como o planejado e o gerente for dinâmico, acompanhando o processo, a empresa terá outra "cara" e outro faturamento.

Particularmente, prefiro as campanhas de venda de curta duração, pois tenho a impressão de que elas têm mais emoção, portanto, são mais eficazes. Sempre pergunto aos clientes que contratam minhas palestras se existe alguma campanha de vendas em andamento ou programada para os próximos dias. Com bastante frequência, ouço-os reclamar de que a campanha não está dando certo, que gastaram uma pequena fortuna entre divulgação e premiação, mas só dois ou três vendedores a estão realmente disputando, ou seja, não está funcionando. Isso acontece porque quando uma campanha de vendas é muito longa, do tipo "O melhor do ano irá para um *resort* no nordeste", após algumas semanas ou meses, é natural que alguns poucos tenham se distanciado dos demais. O resto do pessoal, por consequência, se desmotiva achando que não vale mais a pena o esforço uma vez que o prêmio já está "decidido".

Não sou contra campanhas longas do tipo "o melhor do ano", mas acho que elas devem acontecer em paralelo a outras menores, pois o risco de dois ou três vendedores dispararem na frente distanciando-se muito dos demais é grande e, se isso acontecer, a campanha terá efeito só para esses dois ou três vendedores.

Raúl Candeloro, editor da revista *Venda Mais* (a única revista feita para vendedores no Brasil até o momento*) conta, em suas palestras, um caso peculiar: certa vez, uma empresa lançou em sua convenção de vendas uma ótima premiação para o melhor vendedor do ano. O prêmio seria uma viagem para Fortaleza. Até aí, tudo bem, não fosse um vendedor cujo apelido era Ceará, por questão óbvia, levantar a mão e perguntar: "E eu chefe, o que ganho se for o vencedor?". Não bastando o erro inicial de falta de atenção aos detalhes, o gerente piora tudo soltando essa resposta: "Não se preocupe, Ceará, você não vai ganhar mesmo, nunca ganhou nada aqui!". Nesse caso, o amadorismo do nosso gerente

---

*Visite o site www.vendamais.com.br.

nos ensina algumas lições quando o assunto é campanha de vendas: uma fantástica atenção aos detalhes é fundamental; é preciso elaborar uma campanha que sirva para mexer com todos e não com meia dúzia de vendedores; é preciso estar preparado também para controlar e acalmar os ânimos – em alguns casos, a disputa será tamanha que eles poderão se exaltar um pouco, mas não há problema nisso. Faz parte do jogo. É só controlar os limites para que a disputa seja sempre saudável e não predatória.

Dicas práticas duramente aprendidas

1. Não abra mão de colocar nomes nas campanhas e nos grupos, isso cria identidade e dá mais argumentos às disputas: Exemplos:

   - **campanha semanal de prospecção** – *"Caça ao Bin Laden"*;
   - **campanha quinzenal** – *"Copa Mundial de Vendas"*;
   - **duplas** – *Palmeiras* x *Corinthians*, *Vasco* x *Flamengo*, *Cruzeiro* x *Atlético*;
   - **trios** – *Garra* x *Trio Determinação*.

2. Estabeleça sempre um mínimo de vendas para o pagamento da premiação. Se você não fizer isso, pode acontecer de as vendas não serem boas para a empresa no período e mesmo assim você terá de pagar ao ganhador.

3. Nunca pague um prêmio se a meta não tiver sido atingida. Caso contrário, estará premiando o fracasso. Não pague prêmios por dó: se faltou pouco para alcançar a meta e você pagar, acostumará mal sua equipe e perderá força na próxima campanha.

4. Para garantir o sucesso de uma campanha de vendas é preciso que haja uma boa e clara divulgação dela na empresa por meio de cartazes, circulares, reuniões, mensagens e outros meios de comunicação. Quando o assunto é comunicação, é melhor pecar pelo excesso do que pela falta. Fique atento aos detalhes e às probabilidades.

5. Faça da campanha, por mais simples que seja, algo especial! Compre alguns salgados e refrigerantes para marcar o início da campanha. É importante que os vendedores sintam que a campanha começou para valer.

Capítulo 20

Aprendendo sobre Liderança com Jack Welch e Lee Iacocca

Para voltarmos a falar em liderança, acho fundamental citar dois dos maiores líderes de sucesso dos nossos tempos: Jack Welch e Lee Iacocca. Jack Welch, eleito o executivo do século XX, dá uma verdadeira lição de liderança para nós. Ele diz: *"Na realidade, um líder não tem muito a fazer. As pessoas conhecem seu trabalho e só precisam que as deixem fazê-lo. E as acompanhe no processo e as avalie honesta e abertamente. Esqueça o conceito de liderança que leu nos livros, coloque-se no lugar de cada um dos membros da sua equipe. Veja-os trabalhar, acompanhe suas conquistas, compartilhe suas opiniões, questione ou apoie suas decisões, sempre olho no olho. Não há nada mais eficaz que o contato direto e constante, até na hora de avaliações do dia a dia".*

Para Lee Iacocca, um dos maiores empreendedores de todos os tempos, liderança se resume a duas ações: contratar bons profissionais e estabelecer prioridades.

O líder de vendas, como já dissemos, tem três grandes coisas a fazer:

1. treinar a equipe;
2. avaliar a equipe;
3. motivar a equipe.

Capítulo 21

Avaliação de Vendedores

É impossível ter uma equipe de vendas forte com um líder fraco. E a boa liderança em vendas começa por uma boa avaliação. A avaliação é fundamental no processo de liderança. Então, para começar, esvazie as gavetas e jogue fora as avaliações que não servem para nada, a não ser para acumular papéis.

Existem por aí verdadeiras campanhas sobre avaliações que não resultam em nada. São maratonas com mais de dez páginas, oito testes, uma montanha de dados que nunca são usados para nada! Por que perder tempo avaliando um vendedor e colecionar um monte de informações se não sabe o que fazer com elas? Abaixo a burocracia e vamos ao que funciona realmente.

Avaliação precisa ter retorno e efetividade para os vendedores, e deve ser constante – não adianta avaliar a equipe uma vez por ano. É importante descobrir com quem exatamente você pode ou não contar dentro da sua equipe.

Geralmente podemos classificar os funcionários de uma empresa em faixas, tipo A, B e C. Os funcionários faixa A são os "tops". São os vinte por cento dos vendedores que trazem 80% da receita. São as estrelas do time e devem ser tratadas adequadamente para não ser perdidas para a concorrência.

Temos também os que estão na faixa B, os medianos, que fazem o grosso do trabalho. Precisamos treiná-los e motivá-los para, na medida do possível, torná-los faixa A.

Capítulo 21 | Avaliação de Vendedores

Toda empresa também tem funcionários faixa C. São aqueles que não têm bom desempenho, que não apresentam boa *performance* e não contribuem para a equipe. Jack Welch disse em uma entrevista (e isto também está em seu livro *Jack Definitivo*) que devemos demitir da empresa 10% dos vendedores todos os anos. Essa foi uma estratégia adotada por ele, entre muitas outras, que levou a GE a um patrimônio de US$ 450 bilhões. Ele defende a ideia de que todos os anos é preciso cortar 10% do quadro e renová-lo. Os 10% mais fracos deverão ser demitidos, pois perderam o gás e não agregam mais nada à organização, comprometendo, portanto, o rendimento da equipe.

Capítulo 22

Meu Modelo de Avaliação

De todos os modelos que conheci e testei até hoje, nenhum deles supriu totalmente minhas necessidades e penso que milhares de gerentes em todo o mundo carecem do mesmo recurso, razão pela qual criei o meu próprio modelo de avaliação. Adaptado à realidade, pressão, falta de tempo e de profissionais qualificados, esse método de avaliação tem apresentado ótimos resultados no dia a dia, principalmente pela objetividade, transparência e simplicidade.

Empresas que possuem filiais ou diversos departamentos de vendas também têm se beneficiado desse modelo de avaliação, por ele criar uma linguagem única, um padrão de informação a ser seguido por toda a empresa, não importando a sua localização geográfica.

Para avaliar um vendedor usando esse modelo:

◇ preencha o cabeçalho;
◇ vá direto ao ponto, sem rodeios;
◇ anote os pontos fortes dele no último período;
◇ anote os pontos fracos dele no último período;
◇ oriente-o sobre como melhorar;
◇ pergunte em qual faixa ele se enquadra (A, B ou C) e compartilhe sua opinião com ele;
◇ ouça o que ele tem a dizer sobre a avaliação de um modo geral;
◇ peça para ele assinar e entregue uma via a ele;
◇ estipule o prazo e marque a data da próxima avaliação;

Capítulo 22 | Meu Modelo de Avaliação

✧ na próxima avaliação pegue a anterior, compare-as e inicie o processo novamente.

Por exemplo, pegue o vendedor X e diga a ele: *"Você é pontual, se veste bem e trata bem os clientes. Esses são seus pontos fortes. Parabéns, continue assim. Mas acho que você precisa melhorar, bater metas. Mês passado, por exemplo, você não bateu sua meta. E acho que você precisa melhorar também o relacionamento com os colegas internos. Acho que você tem dado muito palpite e eu não gosto de fofoca aqui dentro".*

E daí, que atitude tomar? Como ele vai voltar a bater suas metas? Junto com o vendedor, o gerente deve descobrir o meio. Pode ser, por exemplo, que ele precise visitar mais clientes. Então, quais são as ações recomendadas? Visitar mais clientes. E quais as ações recomendadas para não se envolver em fofocas? Evitar conversas sobre assuntos pessoais durante o horário de trabalho, por exemplo.

— *Concorda com isso?*
— *Concordo.*

É preciso mostrar sempre a ele o gráfico indicando em que faixa de desempenho (A, B ou C) ele se encontra. Isso faz parte da avaliação. Pergunte a ele como se classificaria e diga-lhe se concorda ou não com ele e o motivo. Faça avaliação honesta e abertamente e peça ao vendedor para assinar o formulário preenchido.

Como Formar, Treinar e Dirigir Equipes de Vendas

Modelo de Avaliação

Nome: Henrique Alves
Cargo: Vendedor
Admissão: janeiro/2005
Data da última avaliação: 30 / 5 / 06
Data atual: (30 / 6 / 06)

Pontos fortes:
– Boa aparência
– Bom humor
– Sabe trabalhar em equipe

Pontos a melhorar:
– Atrasos constantes
– Faltou três dias
– Bateu apenas 40% da meta

Ações recomendadas:
– Sair mais cedo de casa
– Resolver problemas particulares nos fins de semana
– Estudar objeções

Ciente: *Henrique Alves*

Onde você está?

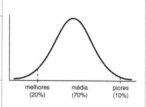

melhores (20%)   média (70%)   piores (10%)

Modelo de Avaliação

Nome: Henrique Alves
Cargo: Vendedor
Admissão: janeiro/2005
Data da última avaliação: 30 / 6 / 06
Data atual: (30 / 7 / 06)

Pontos fortes:
– Boa aparência
– Bom humor
– Sabe trabalhar em equipe

Pontos a melhorar:
– Visitou poucos clientes
– Não faltou, mas os atrasos continuam constantes
– Bateu apenas 50% da meta

Ações recomendadas:
– Sair mais cedo de casa
– Trabalhar mais
– Estudar objeções e técnicas de abordagem

Ciente: *Henrique Alves*

Onde você está?

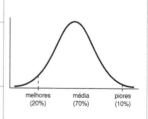

melhores (20%)   média (70%)   piores (10%)

Capítulo 23

Sem Tempo para Avaliar

O modelo de avaliação proposto é muito prático e com ele você não terá mais problema com a falta de tempo, pois esse sistema permite uma avaliação rápida e objetiva, podendo ser feita em até dez minutos. Não aceite e não dê a desculpa de que está sem tempo para avaliar, pois avaliação não é uma questão de tempo, mas sim de **prioridade**.

A avaliação deve, sem sombra de dúvidas, ser uma das prioridades nas agendas dos gerentes, porque ela ajudará a formar as pessoas para que tenham sucesso em vendas e, consequentemente, tragam sucesso para a empresa. Suponhamos que você tenha uma equipe com dez pessoas. Como você faz uma avaliação da equipe? Não diga: *"Ah, eu não tenho tempo"*. Faça a avaliação de um vendedor por dia.

E se você tiver oitenta vendedores, por exemplo? Neste caso, treine seus supervisores, ensine-os, delegue para que eles sejam seus multiplicadores na avaliação, pois, como já dissemos, esse é um processo contínuo e você precisará de ajuda.

Capítulo 24

Como Corrigir um Vendedor

Se você se questionar por um instante sobre quem foi seu melhor gerente, provavelmente lembrará de alguém que, em algum momento, chamou sua atenção, corrigindo-o sobre alguma atitude errada. E, se você deseja ser lembrado como bom gerente, terá de, entre outras coisas, corrigir seu vendedor quando for necessário, dar-lhe *feedback* (retorno). Mas, cuidado! Existe uma linha muito sutil que separa o gerente firme do gerente tirano e este segundo está com os dias contados, pois as empresas que quiserem vencer no século XXI precisam ter seus funcionários trabalhando como um time de verdade. E não se forma um time com um tirano no comando.

Como chamar a atenção de um vendedor sem ser considerado um carrasco? É simples: sendo coerente, sem se exaltar e com fatos concretos em mãos. Vá direto ao ponto, seja objetivo. Nunca tenha medo do seu vendedor – uma das piores coisas que podem acontecer a um gerente de vendas é ele ficar refém de seu vendedor.

Alguns gerentes têm medo de chamar a atenção do vendedor e perder sua "amizade" ou da equipe, o que é um grande equívoco. A equipe fala mal é de um gerente fraco, que não serve para nada além de ocupar uma vaga privilegiada no estacionamento.

É preciso corrigir o vendedor na hora em que o problema ocorre, sem deixar para depois, pois o efeito não será o mesmo. Mas lembre-se: *"Elogio se faz em público e bem alto. Crítica se faz em particular e bem sério"*.

Capítulo 25

Demissão de Vendedores

Suponha que tenhamos avaliado o vendedor, uma, duas, três, quatro, cinco, seis vezes! Ele está com o mesmo ponto fraco e não melhora. Onde está o problema? Conosco. O culpado por aquele funcionário ruim, que você diz: *"Nossa, como esse cara é ruim. Poxa, ele não faz nada que preste!"*, é o próprio gerente que o mantém ali. Às vezes, precisamos demitir um membro da equipe, caso contrário passaremos a fazer parte do problema ao em vez da solução.

O problema não está em demitir, mas em demitir sem ética, sem ter avisado antes e sem ter dado chance para a pessoa melhorar. Falta de ética é demitir sem avaliar, treinar e corrigir o vendedor uma única vez.

Capítulo 26

O Grande Ladrão de Vendas de sua Empresa: o Desperdício de Tempo

O que acontece com o tempo do vendedor? Heinz Goldmann, um dos maiores especialistas da Europa, diz que um vendedor normalmente passa apenas 14% de seu tempo vendendo e 86% de seu tempo fazendo outras coisas. Ele diz que precisamos aumentar o tempo ativo de vendas dos nossos vendedores para as vendas aumentarem. Ou seja, reduzir a burocracia a 10%.

Quanto menos tarefas os vendedores tiverem, mais produtivos eles serão. Esse negócio de o vendedor fazer a venda, preencher o pedido, fazer a cobrança, ir ao estoque pegar e entregar, não dá. Seria o mesmo que, no futebol, cobrar escanteio, correr e cabecear. Quanto menos burocracia tiver o vendedor, mais tempo ele terá para vender. O próprio nome do cargo, "vendedor", já diz que ele precisa vender, e não cobrar, entregar e verificar. Do contrário, o cargo seria cobrador, entregador, verificador e/ou um somatório de cargos.

Outro grande ladrão de tempo da atualidade é o *e-mail*. Por ironia do destino ele veio para nos fazer economizar tempo, mas o mau uso está fazendo os vendedores perderem tempo, acabando com sua produtividade, simplesmente pelo uso inadequado dessa poderosa ferramenta de vendas. Essa ferramenta também é usada como desculpa pelo cliente em potencial que

Capítulo 26 | O Grande Ladrão de Vendas de sua Empresa: o Desperdício de Tempo

não está interessado em comprar, mas que não tem coragem de dizer isso ao gentil vendedor. Nesse caso, muitas vezes o cliente sugere: *"Faz o seguinte, me manda essas informações por e-mail para eu analisar"*. Aí o vendedor perde um tempo enorme preparando e enviando o *e-mail* ao comprador, que muitas vezes o deleta sem sequer abri-lo. Essa cena se repete muitas vezes ao dia, gerando desperdício de tempo e de dinheiro. As empresas e os gerentes inexperientes caem nessa armadilha, porque o envio de *e-mail* passa a sensação de que se está trabalhando. É verdade, só que em vendas existe uma grande diferença entre trabalhar e vender. É comum o vendedor se autossabotar e falar: *"Hoje o dia foi muito bom. Não vendi, mas plantei, tenho coisas boas para sair até o final do mês"*.

Outro ladrão de tempo é o uso de programas como MSN, Skype, Chats e Orkut no horário de trabalho. Toda essa tecnologia, quando usada para fins pessoais, detona as vendas e joga a produtividade lá para baixo.

Para refletir: se enviar *e-mails* vendesse alguma coisa, as empresas mandariam embora todos os vendedores, colocariam computadores enviando *e-mails*, tabelas de preços e talões de pedidos e ficariam esperando os clientes escolherem o produto e enviarem o pedido à empresa. Mas não é assim que funciona. Em venda direta, nenhuma tecnologia substituiu a antiga entrevista de vendas, pelo menos não com a mesma eficácia!

Como redigir um *e-mail de vendas* que funcione

Quando o envio de *e-mail* for inevitável, e caso não haja alternativa, siga os passos abaixo, porque, quanto mais rápido seu cliente receber a mensagem, melhor e maior serão as chances de vender:

1. Antes de enviá-lo, deixe o cliente saber quando retornará a ligação.
2. O *e-mail* deve ser direto, objetivo e claro.

> **3.** Pule uma linha entre os parágrafos.
> **4.** É preciso "desenhar" para o cliente. Isso significa que, às vezes, palavras não bastam, é necessário usar gráficos, setas e imagens.
> **5.** Personalize-o pelo nome do potencial cliente e nunca pelo cargo. Prefira "Prezado Sr. João" a "Prezado gerente de vendas".
> **6.** Divida o *e-mail* em começo, meio e fim:
>   ✧ comece com um cumprimento e introdução do assunto;
>   ✧ destaque o objetivo principal;
>   ✧ finalize-o, sempre, com opções de compra para o cliente e meios para o próximo contato. Por exemplo:
>   **a)** clique aqui e entraremos em contato;
>   **b)** indique a quantidade desejada;
>   **c)** prefere uma visita pela manhã ou à tarde?

Vale tudo para ter certeza de que a mensagem foi entendida pelo cliente, pois, se não houve entendimento, não houve mensagem e, consequentemente, não haverá venda.

Resumindo: evite enviar *e-mail* de venda. Mas, se for inevitável, faça-o benfeito!

Capítulo 27

A Solução
É a Disciplina

Quando me refiro à disciplina, não estou falando daquela imagem antiga em que a severa professora coloca seu aluno de castigo, humilhando-o perante todos os colegas de classe, mas no sentido que *"disciplina é fazer o que é preciso ser feito, não o que gostaríamos de fazer"*. O ideal é buscarmos o equilíbrio entre a liberdade e a criatividade que o vendedor deve ter para produzir e as normas e regras que a empresa precisa para colocar ordem no trabalho. Imagine o caos que seria se um gerente de vendas deixasse seus vendedores livres, sem horários para chegar ou sair, sem limites para descontos, prazos e formas de pagamentos.

O gerente não só pode, mas **deve** controlar e impor limites na equipe e, ao mesmo tempo, deixá-la motivada e entusiasmada. Uma linha sutil separa o gerente tirano do disciplinado e o gerente fraco do gentil. O desafio e o sucesso estão no equilíbrio, nem fraco nem tirano, mas sim profissional.

Alguns vendedores têm mais autogestão do que outros. Infelizmente, essa é a minoria, ou seja, a maioria dos vendedores precisa ser acompanhada de perto, enquanto outros podem ficar mais soltos. Cabe ao gerente efetivamente gerenciar as diferenças e possibilidades.

A cobrança de relatórios, por exemplo, deve ser implacável com toda a equipe e nunca devemos favorecer um ou outro membro da equipe. Os vendedores mais experientes e os que vendem mais são os mais resistentes à entrega de relatórios e coisas parecidas. Às vezes, é necessário punir quem não quer colaborar e para isso o gerente de vendas deve contar com o apoio da direção da empresa; caso contrário, sua liderança ficará enfraquecida.

Mas cobre relatórios que sirvam para alguma coisa, porque existem muitos relatórios desnecessários, que não servem para nada, só ocupam espaço e tomam o precioso tempo dos vendedores. Antes de solicitar uma tarefa aos vendedores, tenha como regra perguntar: *"Isso é realmente necessário? Isso terá utilidade?"*.

Capítulo 28

O Erro que a Maioria dos Gerentes e Empresários Comete

Você costuma acompanhar o trabalho de campo de seus vendedores? Muitos gerentes não o fazem. É preciso estar perto, acompanhar, visitar o cliente com o vendedor. Você precisa dar o exemplo. Jack Welch disse: *"Dedico 80% do meu tempo com meus funcionários e clientes e apenas 20% para a parte burocrática. Também oriento meus executivos a fazer o mesmo"*.

Não acredite que você pode controlar tudo à distância, por meio de relatórios e tecnologias. Nada substitui o contato com o cliente – se você deseja saber o que se passa de verdade, precisa visitar e conversar com o mercado. Faça uma autoanálise: quando foi a última vez que você visitou ou falou com um cliente? Se faz mais do que 48 h, você está ausente e, portanto, as chances de perder o contato com a realidade são grandes. As experiências adquiridas em uma visita são valiosas e garantem importantes subsídios a futuras decisões estratégicas. Se você é um alto executivo e tem vários supervisores e gerentes subordinados a você, surpreenda-os: chegue amanhã em sua empresa e faça com que todos saiam a campo para visitar os clientes. Não aceite desculpas e caras feias. Você se surpreenderá com as informações.

Devido à correria do dia a dia, nos esquecemos de que os clientes são o principal patrimônio da empresa, os verdadeiros patrões que podem demitir a todos, desde o mais alto executivo ao mais humilde assistente, simplesmente gastando seu dinheiro em outro lugar.

Capítulo 29

Liderança pelo Exemplo

Lembro de uma passagem muito marcante na minha fase de gerente de vendas. Um dia, duas horas da tarde, estava com minha equipe de vendas, sem ter, praticamente, fechado nenhum contrato. No final do dia eu precisava reportar ao meu diretor as vendas do período. Como explicar que não tínhamos vendido? A equipe toda desmotivada, todos perdidos e, se eu era o gerente de vendas, a responsabilidade era inteiramente minha. Naquele momento, saí, fui até um lugar reservado, me concentrei e pensei: *"Ora, se sou o líder, e desmorono, se sou o líder, e não acredito, como vou fazer meus vendedores acreditarem?"*. Então, voltei para a sala de vendas e disse: *"Pessoal, parem um pouquinho o que estão fazendo. O que está acontecendo com a gente? Por que estamos perdendo? Não saímos de casa pela manhã, deixando lá as pessoas que amamos, para perder o jogo! Vamos à luta, vamos virar esse jogo! Contem comigo, eu estou com vocês. Nós somos vencedores, sim ou não?"*. E eles responderam: *"Sim"*. Eu continuei: *"Quero ouvir mais forte, vamos lá!"* E eles: *"SIM!"*.

E eu insisti: *"Nós vamos virar esse jogo, sabe por quê? Porque eu estou com vocês. Vamos lá, alguém tem um cliente para eu ligar? Passe aqui, agora"*. Um deles passou o telefone e eu liguei. Em seguida, liguei para outro, e para outro... Nisso estourou uma venda lá no canto. Foi uma comemoração. Todo o mundo com a corneta na mão. *"Pessoal, é isso aí!"*. Vieram a segunda, a

Capítulo 29 | Liderança pelo Exemplo

terceira, a quarta e a quinta venda. Eu peguei um apito e fiquei feito louco apitando. *"Vamos lá, vamos lá! Vamos dar a volta por cima!"*.

Ainda hoje me emociono com essa passagem ao lembrar que, naquele dia, viramos o jogo e batemos o recorde de vendas no mês. Em quatro horas vendemos mais do que em qualquer outro dia do mês, parecia um milagre!

Conto essa história para demonstrar que, para que os vendedores fiquem motivados, os gerentes precisam agir motivados. Erroneamente, muita gente diz: *"Ah, eu estou meio desmotivado, porque as coisas estão difíceis; quando melhorarem, eu me motivo"*. É o contrário, para melhorar você precisa se animar. Diante de algo negativo, o certo é você se levantar e dizer: *"Vamos lá!"*. Não basta falar, é preciso agir. Porque as palavras sozinhas não motivam os vendedores, mas as ações sim.

Existe uma parábola muito interessante circulando pela internet. Ela conta a história de uma corrida de canoas entre uma empresa brasileira e uma japonesa, que costumavam se enfrentar todos os anos. Cada canoa era tripulada por oito homens. As duas equipes treinaram duramente e no dia da competição estavam em sua melhor forma. A equipe japonesa venceu com mais de um quilômetro de vantagem. Depois da derrota, a equipe brasileira ficou desanimada e a direção-geral resolveu formar um grupo de trabalho para elucidar a questão.

Após vários estudos, o grupo descobriu que a equipe japonesa tinha sete remadores e um capitão, enquanto a equipe nacional tinha um remador e sete capitães. O diretor-geral teve a brilhante ideia de contratar uma empresa para mudar a estrutura da equipe. Depois de longos meses de trabalho, os especialistas chegaram à conclusão de que a equipe tinha comandantes de mais e remadores de menos.

Com base nesse relatório, a equipe de canoagem brasileira decidiu mudar a estrutura: teria quatro comandantes, dois supervisores, um chefe de supervisor e um remador. Especial atenção seria dada ao remador, que teria de ser mais bem qualificado, motivado e conscientizado de suas responsabilidades. No ano seguinte, a equipe dos japoneses ganhou com dois quilômetros de vantagem. Os diretores da empresa decidiram

Como Formar, Treinar e Dirigir Equipes de Vendas

demitir o remador por causa do seu mau desempenho. E no momento eles estão pensando em substituir a canoa...

Nem sempre a culpa é da equipe, ou do mercado. Vamos olhar um pouquinho para nós, gerentes, e verificar se estamos fazendo a nossa parte antes de culpar os vendedores pelos péssimos resultados do último mês ou da última semana. É preciso ter bem claro que o desânimo, a preguiça e o pessimismo são luxos aos quais um gerente de vendas não pode se dar. Nada funciona mais do que a liderança pelo exemplo. Ela é a mais simples que existe, porém a mais difícil de ser implantada.

> **A velocidade do chefe
> é a velocidade da equipe.**

Capítulo 30

A Liderança pelo Exemplo Negativo

A liderança pelo exemplo não é uma opção – você a exerce todos os dias, queira ou não. Não se trata de um estilo de liderança, mas de uma característica do ser humano, que é "imitar" comportamentos do líder. Isso não é nenhuma novidade, desde o tempo dos homens das cavernas as coisas funcionavam assim. Portanto, exercemos a todo o momento a liderança pelo exemplo, que pode ser positiva ou negativa.

Na liderança negativa, o gerente passa uma imagem a seus colaboradores de fracasso, desânimo, derrota, contagiando-os negativamente. Nesse caso, é obvio que os vendedores agirão da mesma forma. Imagine um gerente de vendas, em uma reunião na segunda-feira de manhã, dizendo: *"A crise está brava, pessoal. A semana passada não foi boa e esta, para ajudar, tem um feriado. Não sei mais o que fazer... Para piorar ainda mais, o fulano pediu as contas na sexta-feira...".*

É impossível se ter uma equipe de vendas forte com uma liderança fraca. As dificuldades são grandes e muitas vezes abalam a estrutura da gente, mas o gerente precisa chorar suas mágoas em outro lugar e não na frente de seus vendedores. Além do fator financeiro, existe o fator social, porque um vendedor sem ânimo para vender não prejudica só a empresa, mas também sua família e seus filhos. Portanto, o papel de um gerente de vendas vai muito além do que se imagina.

Capítulo 31

A Liderança pelo Exemplo Positivo

A melhor liderança é a positiva. Aquela liderança em que o líder inspira e cria coragem em sua equipe por meio do exemplo, das atitudes e da ação. Caso você tenha um vendedor negativo e desmotivado em mãos, é o mesmo que não ter ninguém... E a culpa é sua. Ou você está passando a ele exemplos negativos ou já deveria tê-lo trocado há muito tempo.

Lembre-se de que um dos três papéis fundamentais do gerente é motivar a equipe o tempo todo e a maneira mais eficaz de se conseguir isso é por meio do exemplo. O verdadeiro líder positivo faz com que sua equipe se sinta preparada, motivada, confiante e forte. Ele faz a equipe confiar, acima de tudo, nela mesma.

Alexandre, o Grande, conquistou a Babilônia com 40 mil homens, lutando contra um exército de 250 mil soldados, porque conclamou seus soldados a lutar pela pátria, enquanto seus adversários lutavam por eles mesmos e pelo ouro. Ele ia junto ao campo de batalha em busca da vitória. Ele e seus soldados venceram a batalha conquistando não só Babilônia, como outras terras e povos da época.

Vender é uma atividade difícil, solitária, os vendedores sofrem muito e ouvem muitas rejeições todos os dias. Se o gerente não estiver por trás, dando-lhes força, tudo ficará bem mais difícil. Por isso, o gerente de vendas precisa ter uma inabalável atitude positiva, pois só assim conseguirá liderar de verdade sua equipe, rumo ao sucesso.

Capítulo 32
Dez Coisas que Devemos Fazer para Gerenciar Pessoas com Sucesso

Recebi um *e-mail*, desses que circulam pela internet, destinado a dezenas de pessoas, intitulado: *As dez coisas que devemos fazer para vencer na vida* (infelizmente não foi informado o autor). Penso que esses dez atributos serviriam para gerenciar e conduzir pessoas ao sucesso. São eles:

1. **Conhecer a si mesmo:** o líder deve ser uma pessoa madura e que saiba lidar com suas emoções e sentimentos.
2. **Motivar:** falamos disso na maior parte deste livro, pois esse é um dos três papéis fundamentais de um gerente de vendas.
3. **Não ser "fominha":** é preciso desejar e criar condições para que os vendedores ganhem muito dinheiro. Assim, o ganho do gerente será a consequência e não o objetivo.
4. **Aprender com os erros:** errar faz parte do caminho, o que não se pode é continuar repetindo o mesmo erro.
5. **Dar retorno às pessoas:** tratamos disso nos capítulos sobre avaliação. Os retornos devem ser sempre claros, sinceros e honestos. O nosso modelo de avaliação é uma boa base para os gerentes avaliarem sua equipe.
6. **Cultivar as pessoas:** promover o crescimento dos vendedores por meio de um bom treinamento é um dos papéis fundamentais do gerente de vendas. ➢

> 7. **Um por todos e...:** vencerá a equipe que estiver unida e motivada, em completa sinergia. Só assim terá forças para superar a concorrência e todas as dificuldades do dia a dia.
> 8. **Comunique-se:** o bom gerente deve ser um excelente comunicador, deixar claro suas mensagens e persuadir os inseguros e indecisos, dando-lhes confiança.
> 9. **Não ser carrasco, mas ser firme:** nem líder bonzinho nem carrasco; o ideal é ter equilíbrio e bom senso.
> 10. **Ser humilde:** você pode ser humilde e competente, rico e simples, uma coisa não tem nada a ver com a outra. A maneira mais rápida de perder uma equipe de vendas é sendo arrogante.

Capítulo 33
Check-point

1. Quando foi a última vez que você visitou ou falou com um cliente? (Se faz mais de quatro dias, nem adianta prosseguir...)
2. Como posso colocar-me à frente de outras empresas do meu ramo?
3. Onde haverá novas oportunidades que ainda não exploramos?
4. Como motivo meus vendedores?
5. Tenho avaliado e dado *feedback* com frequência ao meu pessoal?
6. Estou utilizando, ao máximo, os pontos fortes de meus vendedores?
7. Quais são os pontos fortes e fracos dos nossos concorrentes e como lido com eles?
8. Que exemplos estou dando a minha equipe? Qual imagem passo para meus vendedores?
9. Tenho credibilidade com meus vendedores?
10. Como está a remuneração de meus vendedores? Estão sendo remunerados de forma correta?
11. Transmito entusiasmo e energia à equipe diariamente?
12. Conheço os objetivos pessoais e profissionais de meus vendedores? Eles são relembrados frequentemente desses objetivos como fonte de motivação e renovação?

PARTE 3

Como Formar

"O lucro em uma empresa começa com a contratação certa."

César Frazão

É praticamente impossível vender com vendedores que não querem vender. Acho que a última coisa que devemos fazer é demitir vendedores e substituí-los, pois isso custa muito caro para a empresa e para a economia do país. Por isso, deixei esta parte por último em nosso livro. Primeiramente, abordamos **como treinar** os vendedores atuais, pois certamente uma das grandes causas do fracasso em vendas é a falta de capacitação dos profissionais em questões básicas como, abordagens, apresentação de produtos, objeções, fechamentos, negociação etc.

Em segundo lugar, vimos **como dirigir** uma equipe de vendas, norteado por três pontos principais: a liderança pelo exemplo, um método de avaliação eficaz e a motivação dos vendedores. Mas o que fazer se você já treinou o suficiente e está exercendo uma liderança correta e desafiadora, com um alto índice de motivação sobre os vendedores, dando-lhes todas as chances e mesmo assim as vendas não estão onde poderiam? Chegou a hora de trocar e buscar novos jogadores para o time.

Toda a atenção e carinho devem ser dedicados à contratação de novos vendedores, porque em uma empresa o lucro começa com a boa contratação. E quem contrata errado pagará **duas vezes mais**: uma porque o vendedor não irá vender e outra porque terá de contratar de novo, após dois ou três meses, perdendo assim tempo e dinheiro. O dinheiro você pode até recuperar, mas o tempo perdido, nunca mais!

Uma das grandes dificuldades enfrentadas hoje em dia é a formação de uma equipe de vendas *competitiva*. Mas por quê? O principal motivo é a ausência de um processo eficaz de recrutamento e seleção. A deficiência nesse processo compromete seriamente a rentabilidade da empresa, levando-a muitas vezes a tolerar vendedores acomodados e sem entusiasmo, aceitar vendas com baixa qualidade gerando altos índices de reclamação, ter vendas com pouco ou nenhum lucro devido a descontos excessivos dados pelos fracos vendedores.

Quando se tem um recrutamento forte e constante, todos esses problemas, e muitos outros, deixam de existir, dando-nos tranquilidade e tempo para nos dedicar a outras questões vitais, como treinamento e motivação do pessoal.

Capítulo 34

Os Seis Erros mais Comuns dos Vendedores

Uma pesquisa mundial detectou os seis erros mais comuns dos vendedores e foi apresentada pelo guru Heinz Goldmann em uma palestra organizada pela HSM, em São Paulo. São eles:

✧ **em sexto lugar** – falta de empatia ou falta de habilidade em colocar-se no lugar do cliente. Muitos vendedores estão só preocupados em vender para receber suas comissões e nem um pouco preocupados com o cliente;

✧ **em quinto lugar** – não ter informação suficiente sobre o produto que estão vendendo. Desconhecem aspectos técnicos e detalhes dos serviços ou produtos que vendem, denotando uma grande falha das empresas em seu treinamento, que deve ser constante;

✧ **em quarto lugar** – desistir facilmente, o que demonstra falta de garra e de motivação. Lembre-se: motivar é um dos principais papéis da liderança;

✧ **em terceiro lugar** – encontrar desculpas para o insucesso, colocando a culpa no governo, na crise, no mercado, na concorrência, no gerente, no banco de dados, na região e na empresa. Enfim, todos são culpados pela falta de venda, menos o vendedor;

✧ **em segundo lugar** – vender para quem não decide ou usar canais de venda errados. Muitos vendedores perdem tempo com envio de centenas de *e-mails*, apresentações de ven-

Capítulo 34 | Os seis Erros mais Comuns dos Vendedores

das a assistentes e reuniões fracas e improdutivas. A administração do tempo é tão importante hoje em dia que este é o segundo maior erro apontado pela pesquisa, superando até mesmo a falta de motivação e as desculpas!

◇ **E, finalmente, o maior erro em vendas:** ter vergonha de ser vendedor. É surpreendente, mas a maioria dos vendedores gostaria de ter outra profissão. Trabalham em vendas por falta de opção (e não por opção...). A primeira regra para ser bem-sucedido em qualquer área é gostar do que se faz e não ter vergonha de sua profissão. Se a pessoa se envergonha de seu trabalho, como poderá ser bem-sucedida? Contratar pessoas que gostem da profissão de vendedor é uma das premissas para se montar uma equipe de vendas de sucesso.

Capítulo 35

Como Avaliar se o Candidato É Bom

Aqui começa o nosso desafio em recrutamento e seleção. Infelizmente, não existe uma receita pronta que garanta acertar em todas as contratações; sempre haverá erros e acertos e o nosso objetivo é errar o mínimo possível. Para avaliar se o candidato é bom ou não, o ideal é observar os seguintes passos (que analisaremos em detalhes nos próximos capítulos):

◇ **olho no olho** – encare o candidato, questione-o e perceba se ele está falando a verdade ou mentindo. Lembre-se de que a voz pode mentir, os olhos não;

◇ **intuição** – a boa e velha intuição não deve ser ignorada totalmente, mesmo quando os testes ou indicações dizem o contrário. Se algo parecer estranho, investigue e tire as dúvidas. Na dúvida, não contrate;

◇ **testes psicológicos** – a tecnologia evoluiu muito e com ela os testes de avaliação de perfis. Faça uso de bons testes, pois eles ajudam a identificar os que não têm as condições necessárias;

◇ **entrevistas de admissão** – esse é o grande momento. Não confie em excelentes currículos para saber se o candidato é bom ou não. Para isso, entreviste-o. Não abra mão de entrevistar quem irá trabalhar com você ou para você;

◇ **referências anteriores e indicações** – constituem uma boa fonte de informações e podem nos fornecer dicas valiosas a respeito do nosso candidato.

Capítulo 36

Qual o Perfil do Vendedor Ideal?

Ao longo dos anos, aprendi que não existe o perfil ideal. Isso é ilusão. Sabe por quê? As empresas têm perfis diferentes e exigem vendedores diferentes.

O ideal é observar o quadro de vendas atual e analisar os seus dois ou três melhores vendedores. Identifique o que eles têm em comum e quais são os traços de personalidade que fazem deles os campeões. Faça o mesmo com os piores (os mais fracos). Tente descobrir quais os traços de personalidade que eles têm em comum. Feito isso, você terá um mapa das características que funcionam e que não funcionam em seu negócio. Antes da próxima contratação, faça a descrição do perfil que você procura para sua empresa e coloque isso no papel.

Dica: contrate pela personalidade e não pela habilidade. Porque personalidade eu não treino, habilidade eu posso desenvolver com um bom treinamento...

Certa vez, participei de um evento que reuniu os maiores palestrantes do país em Angra dos Reis (RJ). Uma das palestrantes era a senhora Maria Silvia Bastos, ex-presidente da CSN – Companhia Siderúrgica Nacional, que teve uma gestão marcante à frente da maior siderúrgica do Brasil.

Após anos de um trabalho duro e sério, tornou-se reconhecida internacionalmente pela excelente gestão e pela forma com que venceu os preconceitos e obstáculos. Durante a palestra, que reunia cerca de seiscentos empresários, ela abriu espaço para responder a algumas perguntas formuladas pelos participantes. Diante da pergunta de um ouvinte sobre qual seu segredo para formar uma boa equipe, a reconhecida executiva respondeu de forma bastante direta: *"É simples, eu busco contratar pessoas melhores do que eu naquilo que elas fazem! Assim posso dedicar meu tempo a gerenciar pessoas e não tarefas"*.

A simplicidade da resposta esconde informações valiosas para a formação de uma equipe de sucesso. Uma delas é a humildade em reconhecer que existem profissionais melhores do que nós em outras funções. Outra dedução importante é que a executiva de sucesso não tem medo de contratar gente competente, que talvez, no futuro, pudesse tomar o seu lugar. Ou seja, o futuro da empresa é mais importante do que a carreira da executiva em questão.

Ao contrário, gerentes medíocres se sentem ameaçados quando encontram um bom candidato e por isso dão um jeito de reprová-lo, colocando assim seus interesses pessoais acima do futuro da empresa. Essa é a maior prova de incompetência que um gerente pode dar. Quando estivermos entrevistando um candidato vamos perguntar: *"Essa pessoa desempenhará seu papel melhor do que eu em sua função?"*. Se esse for o caso, contrate-a, pois só assim poderemos nos dedicar ao estratégico e não ao operacional.

Capítulo 37

Como Remunerar Vendedores

Existem basicamente três formas de remuneração de vendedores e representantes comerciais. São elas:

- ❖ **salário fixo** – o vendedor recebe apenas o salário (às vezes, também recebe uma ajuda de custo). A principal desvantagem é que os vendedores quase nunca dão o máximo de si, buscando mais uma venda no final do dia, pois isso não mudará em nada o seu ganho;
- ❖ **comissões** – a vantagem desse tipo de remuneração é óbvia: quanto mais ele quiser ganhar, mais precisará vender;
- ❖ **salário fixo + comissões** – é o sistema mais forte de remuneração, pois alia a segurança, solidez, seriedade e comprometimento por parte da empresa a uma alta possibilidade de ganho.

Considero a melhor forma de remuneração aquela em que a empresa oferece um mínimo fixo acrescido de uma maior parte variável. Quando as empresas que treinei pagavam a seus vendedores somente com salário fixo, os vendedores não tinham um tônus vital elevado, não demonstravam energia e garra para atingir metas ousadas. Em geral eram acomodados e o lema favorito era: *"Devagar e sempre"*.

Notei, também, que, quando meus treinamentos eram em empresas que pagavam somente comissões sobre as vendas, os

Como Formar, Treinar e Dirigir Equipes de Vendas

vendedores eram mais motivados, agressivos e dispostos a buscar suas vendas. Em contrapartida, o índice de rotatividade dos vendedores era altíssimo e também era difícil encontrar um vendedor com um bom nível cultural e social.

Acredito que a solução está no equilíbrio entre o **fixo**, que transmite seriedade e credibilidade por parte da empresa, e o **variável** (comissões), grande responsável pelo estímulo dos vendedores. Além dessas combinações é possível temperar a mistura com prêmios (conforme vimos anteriormente).

Você pode estar se perguntando agora: *"Mas, se o vendedor é bom, não está interessado no fixo"*. Tem razão. Mas preste atenção neste exemplo: suponha que um excelente vendedor esteja temporariamente disponível no mercado e que ele receba duas propostas de emprego de empresas de mesmo porte, mesmo ramo de atividade e mesma região. A empresa "A" oferece um salário *fixo* **mais** *comissões* e diz que a média de ganho dos vendedores é de X reais. A empresa "B" oferece **somente** *comissões* e diz que a média de ganho também é de X reais (idêntica à da empresa "A"). Pense por um instante e responda: se você fosse esse vendedor, em qual empresa você se sentiria mais propenso a trabalhar? O pagamento de um fixo por parte da empresa pode ser o fator determinante para uma boa contratação, pois muitos vendedores imaginam que se trata de uma empresa séria, que valoriza a qualidade de vida de seus funcionários e confia em seu produto, em seu mercado e em seus funcionários. Esse diferencial é ainda mais importante quando a concorrência não paga salário fixo. Neste caso, essa empresa passa a ser vista pelos candidatos e comentada no mercado como "a melhor" para se trabalhar. Porém existem exceções, pois a forma de remuneração depende muito do segmento de mercado.

Assim, quando o assunto é ganho dos vendedores, é importante ficar atento a:

◇ **concorrência** – pesquise como ela está remunerando os vendedores e analise como sua empresa poderia estar um passo à frente para atrair os melhores profissionais do mercado;

◇ **demissões** – por meio da entrevista de desligamento, verifique qual o real motivo da solicitação de demissões: ganhos ou outros fatores;

Capítulo 37 | Como Remunerar Vendedores

◇ **condições de trabalho** – esteja sempre alerta a banco de dados, *folders*, tabelas de preços e promoções. Muitas vezes, o ganho está baixo por falta de condições adequadas e não pelo sistema inadequado;

◇ **valorização** – verifique se os vendedores valorizam eventuais benefícios como, por exemplo, bolsa de estudos, convênios, seguros etc. Tudo o que não agregar valor à empresa estará agregando despesas. Se o vendedor não valoriza um determinado benefício, é melhor retirá-lo e pensar em outra coisa.

Quanto devo pagar?

Outra questão fundamental é quanto pagar para vendedores, independente da forma de pagamento utilizada. Segundo o guru Philip Kotler: *"Os vendedores mal pagos são os mais caros e os bem pagos são os mais baratos. Os melhores vendedores vendem quatro vezes mais do que a média, mas não são pagos quatro vezes mais"*. É fácil entender as palavras de Kotler quando associamos o seu raciocínio ao exemplo que o simpático suíço Heinz Goldmann, considerado a maior autoridade em vendas da Europa, nos dá.

Suponha que uma determinada empresa tenha três faixas de vendedores: A (campeões), B (medianos) e C (fracos), com valores de venda e de comissões conforme abaixo:

Vendedor	A	B	C
Total vendido	R$ 100.000,00	R$ 50.000,00	R$ 25.000,00
Comissão	R$ 1.700,00	R$ 1.000,00	R$ 600,00

* Valores ilustrativos para efeitos de demonstração.

Tendo como base o fato de que um vendedor A vende R$ 100.000,00, então essa empresa precisaria de quatro vendedores C para vender igual a um vendedor A. Porém, os quatro vendedores C custariam para os cofres da empresa R$ 2.400,00, ou seja, R$ 700,00 a mais do que um bom vendedor faixa A custaria para a empresa ($ 1.700,00). Isso sem contar os custos indiretos como treinamento, transporte, ligações telefônicas etc.

O mesmo raciocínio vale para o vendedor faixa B: a empresa precisaria de dois vendedores faixa B para obter a mesma produção de um faixa A, mas custaria para a empresa R$ 2.000,00, ou seja, R$ 300,00 a mais que um faixa A.

Assim, fica mais barato ter um vendedor bom do que quatro ruins ou dois mais ou menos. Os bons vendedores fazem toda a diferença.

Importante também definir qual a porcentagem das vendas que você irá dedicar ao pagamento de vendedores. Faça isso com muita calma, colocando todos os custos na ponta do lápis, pois, uma vez divulgadas as taxas de comissões e prêmios para a equipe, ficará quase impossível voltar atrás sem prejuízos motivacionais. Algo em torno de 10% a 13% do total de vendas parece razoável para gastos com remuneração de vendedores. Esses percentuais ainda podem ser divididos entre salário fixo, comissões e uma menor parte para premiações.

Capítulo 38

Onze Sugestões para Encontrar Bons Vendedores

Bons vendedores estão em muitos lugares, até mesmo em pequenas cidades do interior é possível encontrar um potencial vendedor. O segredo é procurar, constantemente, e fazer um bom *marketing* sobre a vaga. Aqui vão algumas sugestões:

✧ **sites de recolocação** – existem *sites*, alguns gratuitos, que contam com bancos de currículos. A empresa tanto pode procurar candidatos quanto divulgar sua vaga. Vale a pena tentar;

✧ *headhunters* – caçadores de talentos, como são conhecidos. São profissionais especializados em trazer o candidato certo para a empresa. Esse serviço é utilizado quando se trata de cargos mais altos, como gerente nacional de vendas, diretor de vendas e similares;

✧ **quadros de aviso e indicações de funcionários** – os tradicionais quadros de avisos em empresas são boas alternativas, especialmente naquelas com grande número de funcionários;

✧ **na concorrência** – é uma alternativa, mas, atenção, mantenha a ética (não faça com os outros aquilo que você não gostaria que fizessem com você). Não tire da concorrência os bons vendedores, mas apenas fique atento. Quando um dos bons vendedores deixar a empresa concorrente é hora de convidá-lo para sua equipe;

✧ **ambiente informal** – fora do ambiente comercial;

- **agência de empregos** – tente um acordo, uma parceria e apresente a ela as características do vendedor que você quer para sua empresa. As agências vivem disso e terão o maior interesse em preencher a vaga;
- **anúncios em revistas** – as empresas não têm o hábito de anunciar vagas em revistas, só o fazem em jornais. Então, um anúncio em revista terá todas as chances de chamar a atenção e atrair o maior número de currículos possível;
- **murais de universidades** – em uma universidade, o número de jovens desempregados é alto e eles constituem uma força de trabalho muito interessante – jovens talentos podem ser contratados ainda durante sua formação escolar;
- **centrais sindicais e órgãos do governo** – similar ao item anterior, mas com uma diferença: a abrangência desses programas costuma ser muito grande;
- **precisa-se de vendedor** – a antiga placa nunca deve sair da porta da empresa, pois sempre poderá ser vista por um bom vendedor em busca de um novo desafio;
- **anúncios em jornal** – os tradicionais classificados ainda são uma boa e segura fonte para atrair currículos. Para anúncios de jornal, invista em criação e, de preferência, com um bom tamanho.

O recrutamento na empresa deve ser constante. Mesmo que não esteja precisando de novos vendedores, continue com o recrutamento e vá formando um banco de talentos. A maioria das empresas só se preocupa em contratar um novo vendedor quando alguém é mandado embora ou pede demissão. Sem candidatos pré-selecionados, inicia-se uma corrida maluca atrás de vendedores, com o gerente ou diretor pressionando o RH para que seja rápido, porque a empresa está perdendo dinheiro e vendas por falta de vendedor. Como tudo que é feito às pressas raramente é benfeito, a empresa acaba contratando qualquer um só para preencher a vaga e dali a um, dois ou três meses, tudo se repetirá. É preciso modificar esse ciclo vicioso com profissionalismo e quebra de paradigmas.

Quando o gerente seleciona vendedores com antecedência, ganha duas vantagens imediatas: pode escolher melhor e mantém os vendedores atuais mais alertas, pois os faz ver que, se não derem o melhor de si, a empresa fará sua substituição.

Capítulo 39

Como Selecionar
Currículos

Suponhamos que você tenha posto em prática todas as onze ações recomendadas e tem em suas mãos dezenas de currículos. Como saber quem contratar? Quem está falando a verdade? Quais são os melhores?

Nossa experiência, fruto de anos de trabalho, selecionando e entrevistando vendedores, nos mostra duas etapas na seleção de currículos.

Etapa 1
Leitura

Leia os currículos em local calmo, onde você não seja interrompido. Você precisará de concentração e atenção para não perder detalhes interessantes.

Fique atento a:

◇ **endereço do candidato** – para saber se ele não mora muito longe e se conseguirá vir trabalhar todos os dias, sem atrasos;
◇ **estado civil** – geralmente os casados e com filhos tendem a ser mais responsáveis. Porém, eles têm menos disponibilidade de horários livres;
◇ **formação acadêmica**;

Como Formar, Treinar e Dirigir Equipes de Vendas

✧ **últimos empregos** – verifique o tempo que o candidato ficou em cada um dos últimos trabalhos e se possui experiência em seu ramo de atividade;

✧ **outros detalhes** que possam ser relevantes.

De posse de uma caneta marca-texto, grife as partes relevantes para facilitar a seleção.

Etapa 2
Telefonema

Após a primeira triagem, você ainda tem em mãos uma boa quantidade de currículos. Faça uma rápida ligação, com duração de dois a três minutos, para cada um dos candidatos pré-selecionados. Apresente-se corretamente e diga que possui o currículo dele em mãos. Pergunte se ele já está trabalhando ou ainda está desempregado e, em seguida, faça mais duas ou três perguntas.

Durante a ligação fique atento às respostas e, principalmente, à motivação, ao vocabulário, à vontade e ao nível do candidato. Caso sinta que não é o que está procurando, agradeça a atenção. Caso tenha uma boa impressão ou fique em dúvida sobre algum ponto, marque uma entrevista com o candidato, agendando dia, local e horário para não ter de perder tempo com outra ligação.

Capítulo 40
Entrevistas Coletivas

Sem dúvida alguma, esse é um dos grandes passos para ganhar tempo e aumentar a assertividade na contratação de vendedores. Uma triagem inicial com entrevistas individuais para os candidatos pode levar horas de trabalho e sobrecarregar a agenda do gerente de vendas.

Uma alternativa interessante para agilizar o processo é a entrevista coletiva, que é diferente de dinâmica de grupo. Em uma entrevista coletiva você reúne os candidatos em uma sala e faz perguntas ao grupo de uma só vez. O principal objetivo é refinar e conhecer um pouco mais de cada candidato. O ideal é que a entrevista coletiva tenha em torno de dez candidatos com duração máxima entre 60 e 90 minutos.

Dicas para uma entrevista coletiva

Para ter dez candidatos em uma sala, agende catorze, pois historicamente faltam em torno de 40 a 50%. A ordem da entrevista é a seguinte:

1. Cumprimente a agradeça a presença de todos. ➢

> **2.** Apresente a empresa, as condições de trabalho e a remuneração.
> **3.** Pergunte se todos querem continuar ou alguém deseja desistir.
> **4.** Esclareça as eventuais dúvidas.
> **5.** Faça perguntas abertas a todo o grupo, para conhecê-los melhor. Sugestão de perguntas:
>
>   a) Quem está trabalhando no momento?
>
>   b) Peça para se apresentarem um por vez, nome, estado civil, escolaridade etc.
>
>   c) Por que estão ali, qual o objetivo de cada um?
>
>   d) Qual a experiência em vendas?
>
>   e) Por que devo contratar você e não o colega que está a seu lado? (O objetivo dessa questão é testar a ética, o que se evidencia não falando mal uns dos outros. Isso é muito importante.)
>
> **6.** Peça para cada um votar, em sigilo, em um pedaço de papel em branco, qual candidato escolheria para a vaga. Todos são obrigados a votar em alguém que não seja ele próprio. Você verá que a maioria dos participantes votará na mesma pessoa; isso é um sinal de que temos ali um potencial candidato.
>
> **7.** Encerre a seção agradecendo novamente. Diga que todos receberão um retorno por telefone, informando se foram aprovados ou não para a nova etapa, que é a entrevista individual.

É aconselhável convidar um vendedor para participar como espectador. No final, quando todos saírem, peça a opinião do vendedor sobre o que ele achou e quem ele contrataria. Os vendedores conhecem melhor do que ninguém o trabalho e as dificuldades do dia a dia; portanto, a opinião deles é muito importante. Não a desperdice!

> É importantíssimo e ético, acima de tudo, entrar em contato com os candidatos que não forem aprovados, a fim de não alimentar expectativas em alguém que está em busca de um trabalho.

Capítulo 41

Testes Psicológicos Ajudam a Ganhar Tempo, mas...

Após as triagens feitas pela leitura dos currículos, telefonema e entrevista coletiva, você está quase achando o "diamante entre as pedras". Agora, é enviar o candidato para os testes psicológicos. Quando o assunto é testes de aptidão ou avaliação psicológica, há três grupos bem distintos de gerentes. O grupo dos céticos, dos fanáticos e dos leigos.

O grupo dos céticos normalmente é formado por gerentes e diretores de vendas com pouca formação acadêmica e muita experiência prática. Nesse grupo, as pessoas confiam muito mais em sua experiência e percepção do que em um teste psicológico.

O grupo dos fanáticos é exatamente o oposto. Ele é formado por profissionais que têm uma sólida formação acadêmica, principalmente em psicologia, mas normalmente pouco ou nenhuma experiência na área comercial. São pessoas que têm o hábito da leitura, estudaram muito e até mesmo pesquisaram, mas não têm suficiente experiência carregando uma pasta de porta em porta, ou pegando um telefone para vender no ativo. Falar para uma pessoa desse grupo que um vendedor motivado, com garra e determinação, terá mais chances de sucesso do que um vendedor que foi tecnicamente aprovado nos testes, mas não está muito a fim de *ralar*, não adianta muito. São raros e valiosos os profissionais em recrutamento e seleção de vendedores que reúnem a teoria acadêmica com a prática comercial.

Ao longo de minha carreira pude encontrar não mais que três pessoas com essas características.

Já os leigos ficam em cima do muro – ora fazem parte da torcida dos céticos, ora dos fanáticos. Como não têm uma opinião formada sobre o assunto, preferem não correr riscos e normalmente adotam uma postura politicamente correta, seguindo a sua liderança.

Os testes científicos ajudam a ganhar tempo, eliminando do processo aqueles vendedores que estão fora das características desejadas e que, portanto, têm poucas chances de ter sucesso. Cabe ao psicólogo, profissional especializado para utilização de tais instrumentos, a decisão e escolha do instrumento mais adequado.

Na verdade, assim como tudo na vida, o excesso na hora da seleção também prejudica. A melhor postura a ser adotada para a contratação de vendedores deve ser a conciliação de modernos testes psicológicos com a antiga entrevista de vendas, em que o gerente dizia: *"Venda para mim este produto, agora!"*.

Capítulo 42

Como Entrevistar Vendedores

Uma entrevista bem elaborada, baseada em competências, propicia muitas informações sobre o candidato. Peça para ele relatar fatos sobre sua trajetória profissional ou sua vida pessoal em que utilizou o poder de decisão e flexibilidade. Questione como ele agiu em situações de pressão e como organiza o seu tempo para atender diversas demandas, por exemplo.

Tente investigar, por meio de exemplos práticos, como o candidato lida com situações do dia a dia de sua profissão. Vale lembrar também que vendedores são treinados para argumentar e persuadir. Portanto, quanto mais detalhada for a entrevista e mais situações diversas forem apresentadas, o risco de cair em respostas prontas será menor.

Promova um ambiente informal, porque, quanto mais descontraído for o ambiente, melhor será a entrevista. Quebre o gelo, sirva um café ou uma água, conte uma piada; enfim, deixe o candidato o mais à vontade possível. Nada de amedrontá-lo ou se mostrar o "todo-poderoso". Conheci um grande executivo que quando ia entrevistar um candidato, sempre que possível, fazia a entrevista durante um almoço informal (lanche em *fast food*) no *shopping*. Dizia que dessa forma ele tinha pistas sólidas de como o candidato realmente era na vida pessoal.

Capítulo 43

Que Perguntas Fazer a um Candidato?

Abaixo seguem dez perguntas fundamentais em uma entrevista.

1. **O que você mais aprecia em sua profissão?**
   Pela resposta já se pode saber se ele gosta de ser vendedor. Só contrate pessoas que gostam do que fazem. Lembre-se: contratar gente que se envergonha de ser vendedor é o erro mais comum em vendas.

2. **O que você gostaria de estar fazendo em cinco anos?**
   A proposta da pergunta é saber se o candidato tem objetivos na vida, se é motivado e quais são suas expectativas.

3. **Qual o seu ponto forte e o seu ponto fraco?**
   Com esta questão é possível detectar o grau de amadurecimento que o candidato tem e o que se pode fazer a respeito. Algumas vezes o ponto fraco é tão grave que não temos como contratar a pessoa para a função de vendedor, em que é fundamental saber se relacionar. Por exemplo, imagine um candidato que responda que seu ponto fraco é o descontrole emocional, que perde totalmente o controle quando fica nervoso. Como contratá-lo para uma função em que irá defrontar contrariedades?

4. **Por que devo contratá-lo e não seu concorrente?**
   Verifica-se a ética e a capacidade de se vender sem falar mal do concorrente.

Capítulo 43 | Que Perguntas Fazer a um Candidato?

5. Por que saiu de seu último emprego?

A resposta mais desejável para esta questão é: *"Porque eu quero crescer e ganhar mais dinheiro"*. Investigue a causa e questione o motivo da sua saída do emprego.

6. Como você tem se atualizado ultimamente?

O objetivo é medir o nível de atualização do candidato. Descubra qual foi o último livro de vendas que ele leu, se assina alguma revista semanal ou jornal e qual foi o último curso de que participou.

7. Quais são seus objetivos para os próximos doze meses?

Mesmo objetivo da pergunta 2, porém com foco no curto prazo. Ela pode trazer à tona problemas financeiros.

8. Qual foi a maior falha que cometeu?

O objetivo é saber as experiências que o candidato viveu e o que ele aprendeu com seus erros.

9. Quais são seus hábitos no dia a dia?

Esta pergunta pode revelar se o candidato tem o hábito da leitura, ficar com a família, frequentar igrejas, praticar esportes, beber etc.

10. Qual sua experiência na profissão nos últimos anos?

Esta deve ser a última pergunta e está relacionada com o conceito apresentado no capítulo 40, *"Qual o perfil do vendedor ideal?"*: contrate pela personalidade e não pela habilidade. Por isso, procure personalidades que tenham a ver com as características de sua empresa. Se ele sabe ou não vender, pouco importa. É possível desenvolver essa aptidão por meio de treinamento. Habilidade pode ser treinada, mas personalidade não. Eu posso ensinar um homem a agendar visitas e entrevistar, mas não posso ensinar um homem a levantar-se da cama às 5h da manhã com entusiasmo. Agora, se tiver o perfil ideal para a empresa e já souber vender, então melhor ainda!

Capítulo 44

Nunca Contrate antes de...

- ✧ **Buscar referências em empregos anteriores** – ligue para o antigo patrão e converse com ele a respeito do candidato. Pergunte por que ele saiu da empresa e verifique se o motivo dado pelo ex-patrão confere com o apresentado pelo candidato. Caso haja divergência, volte a conversar sobre este ponto antes de o contratar.

  Peça ao ex-patrão alguma recomendação que o ajude a lidar com o novo funcionário. Pontos importantes poderão surgir, mas mantenha o bom senso para filtrar as informações. *"Você o contrataria novamente?"* é uma pergunta forte e de impacto e pode revelar coisas importantes.

- ✧ **Verificar diplomas e certificados** – hoje, com a facilidade da tecnologia, qualquer um pode imprimir um diploma de Harvard na impressora de seu quarto! Especialmente quando se tratar de cargos e salários mais altos, vale a pena conferir.

- ✧ **Solicitar comprovação de ganhos** – muitos vendedores e representantes aumentam o valor dos ganhos na hora de negociar a taxa da comissão ou a região a ser trabalhada. Não se limite à palavra do candidato – solicite uma cópia de algum documento ou recibos que possam comprovar que ele realmente ganhava o quanto está dizendo.

- ✧ **Explicar os "não-negociáveis"** – é o ponto mais importante antes de efetivar a contratação. Para entender bem o que são os não-negociáveis leia o próximo capítulo: *"O Case Disney"*.

Capítulo 45

O *Case* Disney

A Disney é uma empresa fantástica e grandiosa. Sobre ela já se escreveram vários livros. Mas aquilo que nos interessa neste momento são os famosos não-negociáveis. Quando a Disney vai contratar um funcionário, já fica bem claro na entrevista que eles não negociam, ou seja, não abrem mão em hipótese alguma e não aceitam, entre outros detalhes, homens com cabelos compridos, pessoas com *piercings* ou tatuagens de qualquer espécie ou tamanho, excesso de maquiagem, cabelos coloridos. O candidato recebe uma espécie de cartilha onde constam, por exemplo, quais os tipos de cortes de cabelo aceitos na empresa.

Se eles estão certos ou errados, não cabe discutir. O fato é que a Disney tem bem definido que tipo de funcionário ela quer e que comportamento espera dele. São coisas não negociadas. Desde o início eles deixam bem claro o que se espera do funcionário e não aceitam respostas do tipo *"Ah! Eu não sabia..."*.

Voltando à nossa realidade, e aprendendo com o exemplo da Disney, o ideal é a empresa ter sua própria cartilha, clara e objetiva. Por exemplo, poderiam ser itens desse manual de não--negociáveis:

◇ **mau humor** – não se aceitam vendedores mal-humorados de manhã. Todos os vendedores são obrigados a entrar na empresa sorrindo e cumprimentar as pessoas com um sorridente e alegre bom-dia!;

Como Formar, Treinar e Dirigir Equipes de Vendas

◇ **negativismo** – não se aceitam palavras e expressões negativas na empresa, como: "crise", "está difícil", "não vamos conseguir", "hoje não é um dia bom para vendas" etc.;

◇ **leitura** – todos os vendedores são obrigados a ler constantemente livros e revistas. O vendedor deverá carregar um livro sobre vendas consigo todos os dias.;

◇ **produtividade** – todos os vendedores devem dar o máximo de si, visando ganhar o máximo de dinheiro possível e o gerente de vendas os ajudará nisso.

Esses são apenas exemplos, mas cada empresa e cada gerente devem ter os seus próprios pontos não-negociáveis.

Após todas as etapas definidas e aprovadas, só resta explicar os itens não-negociáveis ao futuro vendedor e perguntar a ele, olhando fundo nos olhos dele: *"Você concorda, sinceramente, com tudo o que está escrito aqui? São coisas que não abrimos mão em hipótese alguma. Portanto, se não concordar, é melhor desistir agora, para não perder o seu tempo nem o nosso"*.

A maioria dos vendedores concorda. Então, peça para seu candidato assinar o documento, fique com uma via e ele com a outra. Em seguida, aperte firmemente a mão dele e diga: *"Parabéns, você está admitido e faz parte de um time de campeões e de gente feliz"*. Caso esse vendedor venha a lhe dar problemas mais adiante, pegue a folha com os não-negociáveis que ele assinou e no momento da avaliação periódica lembre-o de que: *"Há tempos você deu sua palavra para mim nesse aspecto* (e mostre a ele o formulário). *Posso contar com você ou você quer sair?"*.

Não perca tempo nem se desgaste se a resposta não for positiva, demita-o imediatamente. Se você estiver fazendo a lição de casa corretamente, mantendo ativa sua lista de candidatos, não terá grandes problemas em fazer a reposição. Após a demissão, explique para toda a equipe o motivo da saída, para que todos entendam que tipo de pessoa você quer ali.

Capítulo 46

Como Atrair e Manter os Melhores Vendedores

Quando se perde um bom vendedor para um concorrente, é quase certo que serão perdidos também alguns clientes, o que poderá significar um impacto negativo nas vendas, às vezes até irreversível.

Mas como o assunto é atrair e manter vendedores para o negócio, não bastam apenas as ações discutidas anteriormente, é preciso também implementar um bom plano de *marketing*. Isso mesmo! Um plano de *marketing* para ajudar a vender essas ideias para o mercado externo e interno (própria empresa), porque de nada adiantará ter excelentes condições de trabalho se os candidatos não souberem disso. Seria o mesmo que ter um excelente produto para vender, mas não mostrá-lo na vitrine!

Oito motivos atraem e mantêm vendedores e representantes fiéis:

1. **Existência de desafios e perspectivas de crescimento –** não é só você que quer crescer na vida, seus vendedores também. Portanto, a ausência de perspectivas pode afastar seus melhores homens.
2. **Uma forte liderança –** poucas coisas desanimam mais um vendedor que uma fraca liderança. Os vendedores querem ser gerenciados por profissionais competentes, eles precisam sentir que estão no caminho certo rumo a riquezas e

Como Formar, Treinar e Dirigir Equipes de Vendas

vitórias e que seu líder defende seus direitos e compartilha suas conquistas.

3. **Condições de trabalho adequadas** – hoje em dia, há grande oferta de trabalho, especialmente nas metrópoles. O bom vendedor tem muitas opções de escolha e irá trabalhar na empresa que lhe der melhores condições de vendas e, consequentemente, de ganhos e de crescimento. A falta de itens básicos, como material de escritório, cartões de visitas, bancos de dados atualizados, conta de *e-mail*, verba para visitas a clientes, cursos para atualização, entre outros, pode comprometer seriamente o desejo de trabalhar em sua empresa.

4. **Ambiente de trabalho positivo** – tive a oportunidade de presenciar vendedores que simplesmente abandonaram seus trabalhos, não pelas vendas, ganhos ou produtos, mas pelo ambiente pesado e negativo. Ninguém aguenta trabalhar por muito tempo em um ambiente ruim. Os vendedores passam mais tempo com seus gerentes do que com suas famílias.

5. **Treinamento sério e constante** – os ganhos de um bom vendedor estão diretamente relacionados às vendas; portanto, quanto mais treinamento o pessoal de vendas tiver, maiores serão as chances de vender e, consequentemente, de aumentar seus rendimentos.

6. **Ter produtos/serviços de alta qualidade para vender** – problemas futuros com devoluções e cancelamentos assustam profundamente os vendedores. Eles querem dedicar seu precioso tempo a vendas e não a apagar incêndios acumulando desgraças e chateações. A competitividade por preço é muito grande e perde-se a venda por simples detalhes, mesmo o produto/serviço sendo bom.

7. **Elogios e reconhecimentos públicos** – parece que os campeões têm uma necessidade extra de reconhecimento. É como se o ego deles precisasse ser massageado o tempo todo. Como eles apresentam bons resultados, pensam que é obrigação do chefe elogiar e jogar o nome deles nas alturas. É bom pensar nisso com carinho se não quisermos perder estrelas do time. Mas use o bom senso, pois é preciso ser justo com todos.

Capítulo 46 | Com Atrair e Manter os Melhores Vendedores?

8. Salários e ganhos altos – as maneiras mais rápidas de desmotivar e afastar talentos de sua empresa são atrasar os salários dos profissionais e pagar pouco. Isso mostrará que a empresa está em uma situação financeira complicada e possivelmente ele (o vendedor) não terá um futuro promissor por ali. Mostrará, também, que a empresa não respeita e não valoriza o profissional de vendas, colocando-o em segundo plano na lista de prioridades. Além disso, quando uma empresa começa a atrasar o pagamento dos seus empregados, isso se espalha rapidamente no mercado, afastando possíveis bons candidatos.

Capítulo 47
Uma Análise de sua Gestão

1. Como está o processo de recrutamento e seleção em meu setor?
2. O recrutamento é constante e diário, formando assim um banco de talentos?
3. Deixamos claro, na entrevista, quais os itens não-negociáveis?
4. Tratamos os candidatos como tratamos nossos melhores clientes?
5. Mantemos acesa a chama do entusiasmo e do encantamento dos vendedores após a admissão?
6. Existe um sistema de reconhecimento, recompensa e comemoração quando atingem metas?
7. O que tenho feito para atrair os melhores vendedores para minha empresa?
8. Quais são as características que um vendedor deve ter para ser um campeão no meu negócio?
9. Faço uso de testes, avaliações e profissionais qualificados no recrutamento e seleção?
10. Qual o índice de demissão *turnover* e qual o principal motivo de saída?

Mensagem Final

Dizem que, em 1816, havia um navio fazendo um cruzeiro pelo sul da França. De repente, o mar começou a ficar mais agitado, mais turbulento, e o comandante passou a pedir às pessoas para voltarem aos seus aposentos.

A embarcação começou a balançar para lá, para cá, e uma onda forte bateu no navio e quase o tombou. As pessoas corriam desesperadas para seus camarotes, para seus quartos, quando outra onda violenta bateu e por pouco não virou de uma vez o navio. Mesas caindo, crianças correndo, homens ao mar! Uma loucura – todos com medo, vendo a morte se aproximar.

Tudo indicava que a situação ia de mal a pior e que fugiria totalmente ao controle, quando, no meio de tudo isso, uma mulher passou com duas crianças, devagar, sem pressa. Alguém espantado perguntou: *"Ei, vocês, não vão correr, o navio está afundando, não estão com medo de morrer, não vão tentar se salvar?".* Uma das crianças disse: *"Não. O comandante do navio é o meu pai e eu sei que ele vai nos salvar".*

Nós somos os comandantes desse navio e há muitas pessoas que acreditam e dependem de nosso trabalho. E eu sei que nós, líderes de vendas, não vamos deixar o barco afundar.

Acredite, tenha determinação, você vai conseguir alcançar o que deseja. Pense no futuro, tenha uma atitude melhor, tenha disposição, seja uma pessoa mais agradável. Também é papel do líder manter a humildade, ser generoso, ajudar os outros, ser comprometido com o seu pessoal. Ajudar seu vendedor a ter sucesso.

Se acreditarmos em nossos sonhos, de uma simples ideia poderemos partir e construir todo um mundo. Vencerá aquele que acreditar em seus sonhos, apesar de todas as adversidades. Tenha um sonho em mente, lute por ele e tenho certeza de que você vencerá!